KB124876

사회를 달리는 십대
국제외교

사회를 달리는 십대

오애리 · 이지선 지음

국제외교

우리학교

모든 것이 연결된 세계는 지금…

이 글을 쓰는 지금, TV에서는 우크라이나에 관한 뉴스가 흘러나오고 있습니다. 국제 사회의 우려대로 러시아가 우크라이나를 침공해 많은 희생자가 발생하고 있기 때문이지요.

우크라이나는 과거 러시아 영토였던 만큼, 역사적으로나 정서적으로 러시아와는 떼려야 뗄 수 없는 깊은 유대 관계를 맺고 있습니다. 러시아는 국경을 맞댄 우크라이나에 북대서양조약기구(NATO)군을 배치하려는 국가들, 특히 미국의 움직임을 심각한 위협으로 받아들이며 민감하게 반응하고 있습니다. 하지만 미국은 2014년에 우크라이나 크림반도를 병합해 전 세계를 깜짝 놀라게 만든 러시아가 이번에는 우크라이나를 비롯해 동유럽 각국을 영향력 아래 두려는 야욕을 드러내고 있다고 주장하지요.

머나먼 동유럽에서 벌어지는 이 갈등은 과연 우리나라, 우리의 일상에 영향을 미칠까요? 답은 '그렇다.'입니다. 갈등이 장기화하면서 천연가스 같은 에너지와 곡물 등의 가격이 수급 불안으로 치솟고 있어요. 우크라이나는 러시아의 천연가스 파이프라인이 지나는 곳이며, 세계에서 손꼽히는 밀 생산국이자 수출국입니다. 국제 사회가 러시아에 제재를 가하고 나서면서, 우리 경제에도 부정

적 영향을 미칠 것이란 우려가 나오고 있습니다.

과학 기술의 놀라운 발전 덕분에 우리는 세계 구석구석에서 벌어지는 일들에 실시간으로 영향을 받으며 살아갑니다. 코로나19 바이러스로 인한 팬데믹 역시 '지구촌'이란 구태의연한 표현을 새삼스레 실감하는 계기가 되었지요.

이 책에서는 수많은 국제 이슈 중 우리의 삶에 큰 영향을 미치는 '남북관계' '이주난민' '종교분쟁' '미중갈등' '통합과 분리' '코로나팬데믹'을 다룹니다. 짧게는 수십 년, 길게는 수백 년 동안 이어져 온 방대한 이슈를 이해하기 쉽게 정리하고 설명하려다 보니 더 깊이 다루지 못한 부분이 있어 아쉬움이 남기도 합니다. 이 책이 국제 이슈에 대한 관심과 흥미를 불러일으키고, 좀 더 깊이 있는 자료를 탐구하는 과정으로 나아가는 데 도움이 되기를 바랍니다.

2022년 3월

오애리 · 이지선

차례

1

남북관계

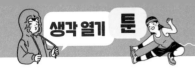

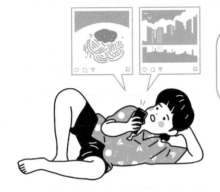

SNS에 올라오는 장소들이
이제는 다 거기서 거기.
국내고 해외고 비슷비슷해.

요즘 사람들이
안 가 본 데가 어딨어?
북한이라면 또 모를까.

그래, 북한!
SNS에서 북한 사진은
거의 보이지 않잖아.
거기도 핫플레이스가 있을까?

일단 북한 하면 나 같은
평양냉면 덕후들의 성지,
'옥류관'을 빼놓을 수 없지.

2018년 정상 회담 메뉴로도
유명했던 거 알지?

평양에 있는 릉라도5월1일경기장은
15만 명이나 들어갈 수 있대.
FC바르셀로나의 캄프 누
경기장만큼이나 큰 규모라던데?

아니, 그렇게나 멋진 곳이 많다고?
북한 십 대들도 우리처럼
SNS에 그곳 사진을 올리면서
소식을 주고받을 수 있다면 좋을 텐데….

이토록 가깝고도 먼 사이

세계에서 유일한 정부 조직이
우리나라에?

2018년 4월 영국 로이터 통신은 한국의 한 정부 부처에 대해 다음과 같이 보도했습니다.

"남북문제를 책임지고 있는 한국의 이 부처는 이웃 국가들 사이에서 흥망성쇠를 거듭하고 있다. 이 부처는 세계에서 유일하다."

여러분은 이 부처가 어디인지 짐작할 수 있나요? 단서가 몇 개 보이네요. '세계에서 유일하다.' '남북문제를 책임지고 있다.' 정답은 바로 '통일부'입니다. 1969년 3월 1일에 설립된 통일부는 남북문제를 정부 차원에서 제도적으로 다루기 위해 세워졌습니다. "분단국의 특성을 반영하여 통일 업무를 전담하는 중앙 행정 기관을 창설했다는 역사적 의미가 있다."라며 소개되고 있고요.

우리는 평소 전쟁이나 분단을 떠올리면서 살지는 않습니다. 그런데 이런 외신 기사를 보면 우리나라가 세계에서 몇 안 되는 분단국가라는 사실이 새삼스럽게 다가오지요.

그렇다면 여러분은 '통일'이라는 말의 의미를 어떻게 알고 있나요? 표준국어대사전에 따르면 통일은 "나누어진 것들을 합쳐 하나의 조직 체계 아래로 모이게 함."이라고 합니다. 말 그대로 현재 갈라져 있는 남과 북을 하나로 만들어야 한다는 뜻입니다.

이 '통일'이라는 단어는 우리 헌법에도 고스란히 포함되어 있습니다. 헌법 제4조에서는 "대한민국은 통일을 지향하며, 자유민주적 기본 질서에 입각한 평화적 통일 정책을 수립하고 이를 추진한다."라고 설명합니다. 또 "대통령은 조국의 평화적 통일을 위한 성실한 의무를 진다."라는 조항도 있습니다.

하지만 남북한이 갈라진 지 벌써 80년을 향해 가는 지금, 남북통일에 대해선 여러 가지 의견이 있습니다. 통일을 꼭 해야 하는지, 한다면 어떤 방식으로 해야 하는지, 하지 않는다면

—○ 위 평양에 있는 최고 20미터 높이의 김일성·김정일 동상.

아래 최북단 전망대인 도라전망대에서 바라본 북측의 모습.

남과 북은 대립과 갈등을 끝내고 어떻게 공존해야 하는지 등 다양한 질문이 꼬리에 꼬리를 물죠. 이렇게 다양한 의견은 통일부 존폐 논란에서도 나타납니다. 보수 정당의 한 정치인은 별 성과가 없는 통일부 같은 조직을 수십 년간 유지해 온 것은 정부의 방관이자 혈세를 낭비하는 일이라고 지적했습니다. 반면 이 주장에 반박하는 사람들은 통일부가 존속해야 하며 헌법에 맞게 더 발전되어야 한다고 주장합니다.

따로따로 살아온 지 벌써 70년이 넘어!

오늘날 통일을 둘러싼 여러 가지 입장과 질문에 대해 나만의 답을 찾기 위해서는 남북이 왜 분단에 이르렀고, 분단 이후 지금까지 수십 년간 어떤 관계를 맺어 왔는지를 먼저 살펴봐야 합니다.

1945년 8월 15일 우리 민족은 일본으로부터 독립했습니다. 수많은 독립운동가의 열성적인 항일 투쟁 운동 덕분이기도 했지만, 한반도가 일본의 지배에서 해방된 결정적인 계기는 일본이 제2차 세계 대전에서 패망했기 때문이었죠. 독일과 일본에 대항했던 연합국의 주축은 미국과 소련이었는데요. 자본

주의와 사회주의를 앞세워 경쟁을 펼치던 두 나라 군대가 어느 날 각각 남쪽과 북쪽으로 들어오면서 한반도는 38도선을 기준으로 갈라지게 됩니다. 독립한 국가에서 남북이 총선거를 치러 통일 정부를 만들자는 의견도 있었으나 결국 그렇게 되지는 못했습니다. 1948년 남한에서는 대한민국이, 북한에서는 조선민주주의인민공화국이 들어섰죠.

그로부터 2년 뒤인 1950년 6월 25일, 북한이 남한을 공격하며 한국 전쟁이 일어났습니다. 2차 세계 대전에서 함께 싸우던 미국과 소련이 이번에는 각자 남한과 북한을 돕는 상황이 전개되고 말았지요. 중국이 합세해 북한에 인민 지원군을 파견했고, 유엔(UN)이 보낸 다국적 유엔군이 한국을 도우면서, 한반도에 냉전(冷戰) 시대 최초의 전장이 펼쳐지게 됐습니다. 세계 대전 이후 미국과 소련을 중심으로 일어나 자본주의와 공산주의의 대립이었지요. 수십 년 동안 전 세계에서 크고 작은 분쟁을 불러온 냉전의 중심에 한반도가 놓이게 된 것입니다.

대립하던 양측은 전쟁이 발발한 지 3년 만인 1953년에 휴

—o 위 북한 상공의 미 폭격기.

아래(좌) 1950년 8월 한국 전쟁 당시의 모습.

아래(우) 한국 전쟁 참전 용사 기념비.

전(休戰, 전쟁을 쉼) 협정을 맺었습니다. 하지만 말 그대로 전쟁을 잠시 멈췄을 뿐 끝난 것이 아니었습니다. 1951년 첫 회담을 열고 2년이 지나서야 체결된 한국 군사 정전(停戰, 전쟁을 중단함)에 관한 협정에는 중국군·북한군·유엔군 사령관만 서명하고, 남한은 참여하지 못했습니다. 당시 남한은 군사 작전권이 유엔군에 넘어간 상태였기 때문에 결정의 주체로 나설 수 없었던 것이지요.

이렇게 분단된 이후 1960년대부터 1980년대까지 남북한은 줄곧 대립해 왔습니다. 남한에서는 북한의 공산주의 체제를 강력히 비난했고, 북한 역시 남한이 미국의 꼭두각시라며 몰아붙였죠. 한편 남북에게 서로의 존재는 비난과 동시에 각 체제와 사회의 결속력을 높이는 공공의 적으로서 전략적으로 활용되기도 했습니다.

예를 들어 볼까요? 여러분은 '빨치산' '빨갱이'라는 말을 들어 본 적이 있을지도 모릅니다. 전쟁 이후 한동안 정치적으로 민감하게 사용됐던 이 단어는 공산주의 이념을 가지고 남한에 등을 돌린 사람들을 낮춰 부르는 말인데요. 한국 전쟁 당시 북한

유격대
정규군에 속해 있지 않은 특수 혹은 비정규 부대로 적이 예상하지 못하는 게릴라 전술로 급습하는 공격을 한다.

공산당 유격대를 가리키는 파르티잔(Partisan)에서 파생된 말로 추정됩니다. 공산주의를 상징하는 붉은색이 연상되기도 하지요. 대한민국에 민주주의가 자리 잡는 과정에서 들어선 군사 정권은 자신들을 비난하는 반대 세력을 북한을 추종하는 '빨갱이'라며 몰아세웠는데, 이 같은 이분법을 '색깔론'이라고 합니다.

북한도 남한을 비판하기는 마찬가지였어요. 김일성 주석을 시작으로 아들과 손자로 이어지는 세습 독재를 하는 과정에서 사회 내부의 단결과 협동을 위해 남한과 미국을 적으로 규정하고 타도해야 할 대상으로 선전한 것입니다.

대립하는 와중에도 남북은 통일의 본래 의미를 다시금 확인하는 성과를 이루기도 했습니다. 1972년 7월 4일 남북은 분단 이후 최초로 공동 성명을 발표했습니다. '자주' '평화' '민족 대단결'이라는 세 가지 통일 원칙이 여기에 포함되었습니다. 앞서 1971년에 미국의 탁구 선수들이 중국을 방문해 중국 선수들과 경기를 펼치는 등 양국 사이에 이른바 핑퐁 외교가 이루어졌고, 이는 우리 남북 관계 개선에도 긍정적인 역할을 했지요.

1980년대 말 소련의 마지막 지도자 미하일 고르바초프

(Mikhail Gorbachëv)가 시장 경제를 받아들이며 냉전이 사실상 서서히 막을 내리게 되었습니다. 한국 정부도 탈냉전 시대에 맞춰 움직였습니다. 1988년 노태우 대통령이 북한을 향한 개방 내용을 담은 '민족 자존과 통일 번영을 위한 대통령 특별 선언', 즉 7·7선언을 발표한 것이지요.

한국 전쟁 50년 만인 2000년, 드디어 남북의 최고 지도자가 처음으로 마주하게 됩니다. 김대중 대통령과 김정일 국방위원장이 평양에서 만나 서로를 끌어안았지요. 이후 양측의 회담은 '6·15 공동 선언'으로 발표되었고 이산가족 상봉, 원자로 건설이나 개성공단 설립, 경제 협력, 금강산 관광 등 다양한 분야의 교류가 이루어졌습니다. 당시 청소년 중에는 수학여행으로 금강산을 다녀온 친구들도 많았답니다.

김대중 정부의 이런 정책은 이른바 햇볕 정책이라고 불리는데요. 매서운 바람이 아닌 따뜻한 태양이 나그네의 외투를 벗게 했듯이 북한과의 교류 협력을 통해 조금씩 통일을 향해 나아가자는 게 핵심이었습니다. 이에 따라 김대중 대통령은 '민주주의' '인권' '북한과의 화해와 평화 추구' 공로를 인정받아 그해 2000년 노벨 평화상을 수상했습니다. 2007년에는 노무현 대통령과 김정일 국방위원장이, 2018년에는 문재인 대통

—○ 김일성을 시작으로 아들과 손자로 이어지는 세습 독재 과정에서 북한 역시
남한을 적으로 규정하고 타도해야 할 대상으로 선전했다.

령과 김정은 국무위원장이 남북 정상 회담을 이어 갔습니다.

대립과 화해를 지속하는 와중에 북한이 2006년 1차 핵 실
험을 하면서 남북 관계는 완전히 다른 국면으로 접어듭니다.
국제 사회는 1970년대 이후 핵확산방지조약(NPT) 체제를 통
해 '핵무기 비보유국의 핵 개발'과 '보유국에서 비보유국으로
의 핵무기 이동 금지' 등을 원칙으로 삼아 왔는데, 북한이 핵
개발에 나서면서 국제적인 이슈가 된 것입니다.

이에 따라 남북문제와 국제 문제가 복잡하게 얽히기 시

작했지요. 현재까지 북한은 모두 여섯 번의 핵 실험을 했고, 대륙 간 탄도 미사일 등을 꾸준히 개발하면서 국제기구인 유엔의 안전보장이사회로부터 열 차례가 넘는 제재를 받았습니다. 여기에는 금융, 광물과 석탄, 석유 등의 무역 거래, 무기 거래 및 인력 파견 등을 중단하는 내용이 포함되어 있었지요. 게다가 세계 최대 무역국인 미국까지 북한에 제재를 걸고 나섰습니다.

지금도 괜찮은데, 꼭 함께해야 해?

남북 관계의 지난한 역사를 돌이켜 보면 어떤 생각이 드나요? 같은 민족이 수십 년째 서로 대립하며 만나지 못하는 상황이 안타깝지 않나요? 한편으로는 오랜 시간 동떨어진 체제에서 다른 생각을 하며 살아가고 있는데 과연 통일이 필요한지 의문이 들기도 할 것입니다. 사실 우리 사회에도 두 가지 생각이 공존하고 있습니다. 특히 전쟁의 아픔을 직접 경험한 노장년 세대가 물러나고 간접적으로만 이를 경험한 젊은 세대가 늘어나면서 통일에 대한 생각이 점점 달라지고 있지요.

젊은 세대의 인식은 '북한과 통일하기보다는 남과 북 각각의 상태로 평화롭게 공존하는 것이 더 낫지 않을까?'라는 문장으로 요약될 수 있습니다. 2021년 통일연구원 자료를 살펴보면, "남북한이 전쟁 없이 평화적으로 공존할 수 있다면 통일은 필요 없을까?"라고 '평화 공존'과 '통일' 중 선호도를 묻는 세대별 조사 결과, 1991년 이후 출생한 응답자 중 71.4퍼센트가 통일보다는 평화 공존을 선호한다고 대답했어요. 1980~1990년 출생자의 61.5퍼센트, 전후 세대라고 할 수 있는 1951~1960년 출생자의 56.9퍼센트보다 훨씬 높은 비율이었습니다. 젊은 세대에서 통일을 선호한다는 대답은 12.4퍼센트에 그쳤습니다.

하지만 겉보기에 아무렇지 않고 평화롭다고 하더라도 분단 상태가 장기적으로 유지되면 사회 경제적 비용이 뒤따릅니다. 분단으로 생기는 지출과 분단되지 않았다면 생겼을 이익을 비교해 분단 비용을 예상해 볼 수 있는데요. 일단 휴전 상태가 유지되면서 발생하는 군사 및 방어 비용이 대표적이죠. 또 북한과 관련한 여러 가지 외교적 이슈를 해결하기 위해 소비되는 자원도 여기에 포함됩니다.

사회적으로는 분단 때문에 가슴 아픈 생이별을 한 이산가족 문제가 가장 큽니다. 이산가족 정보 통합 시스템에 따르면,

1988년부터 2021년 8월까지 이산가족 누적 수는 13만 3530명으로, 이 가운데 생존자는 4만 7000여 명입니다. 이미 사망한 사람이 훨씬 많다는 이야기이지요. 생존자들도 90세 이상이 약 27퍼센트, 80~89세는 38퍼센트, 70~79세는 19.5퍼센트, 60~69세는 8.5퍼센트로 대부분이 고연령층입니다. 이 때문에 인도적 차원에서라도 이산가족 상봉이나 생사 확인 등은 남북 관계와 상관없이 이루어져야 합니다.

또 국제 무대에서 대두되는 북한 주민들의 인권 문제, 점점 벌어지는 남북한 문화 간극 등도 사회 문화적 이슈로 볼 수

있습니다.

여기에 만약 분단 상태가 아니라면 얻을 수 있는 이익까지 더해 볼까요? 대표적인 것이 사람과 물류의 이동입니다. 한번 상상해 보세요. 남북이 갈라지지 않았다면 부산역에서 출발한 기차가 서울역을 지나 북한과 중국, 러시아를 거쳐 유럽까지 쭉 달릴 수 있을 것입니다. 단지 상상 속 이야기가 아니에요. 일제 강점기였던 1936년에는 베를린 올림픽 마라톤에 출전해 금메달을 목에 건 손기정 선수가 실제로 서울역에서 출발하는 기차를 타고 베를린에 도착했거든요. 남북이 통일된다면 철도를 이어 대륙을 통해 머나먼 유럽으로 물류를 운반하거나 여행을 떠날 수도 있습니다. 여기에 바다를 넘지 않아도 국경을 넘나들 수 있는 대륙적 이동과 상상력, 새로운 분야의 사업도 기대해 볼 수 있고요.

하지만 통일을 반대하는 논리 역시 존재합니다. 우리가 통일을 꼭 해야 하는지, 이대로 하지 않아도 되는지, 하지 않은 상태에서 북한을 대하는 대북(對北) 정책을 어떤 방향으로 이끌고 가야 하는지에 관한 의견이 여러 갈래로 나뉩니다.

통일을 추진하면 그에 따른 갈등이 빚어지고 역시나 사회 경제적 비용이 드는 건 마찬가지입니다. 여기서도 비용 문제는 만만치 않습니다. 우리뿐만 아니라 북한에서 통일을 바라보는 시각도 비슷할 텐데요. 남북이 서로 의견을 받아들이고 민주적 절차를 통해 통일에 이르는 과정에서 시간과 비용 등 수많은 투입이 이루어질 수밖에 없다는 거예요. 게다가 통일이 이루어진다고 해도 수십 년간 이질적인 문화를 경험해 온 남북이 서로 잘 융합될 수 있을지, 그로 인해 또 다른 혼란이 빚어지지 않을지 우려하는 목소리도 높습니다.

2018년 평창 동계 올림픽 당시, 아이스하키 남북 단일팀 구성 논란을 떠올려 볼까요? 그동안 탁구, 축구 등 스포츠를 통해 남북이 함께 뛰며 교류하고 화해하는 분위기를 조성해 왔기에 기성세대는 상대적으로 단일팀이라는 취지를 잘 받아들이는 편이었어요. 하지만 통일 문제에 대해 다른 배경지식과 입장을 가진 젊은 세대는 단일팀을 구성하는 바람에 출전하지 못한 남한 선수의 입장을 고려했을 때 갑작스럽고 공정하지 않은 결정이라고 받아들였죠. 남북 관계 개선과 공정성 중 어떤 가치가 절대적으로 더 중요한지 답을 내릴 수는 없지만, 사람들이 생각하는 바가 서로 다르다는 걸 보여 주는 상징적인 사례였습니다.

경제적인 부분을 좀 더 살펴볼까요? 실제 통일에는 막대한

비용이 들 수밖에 없습니다. 2018년 영국의 한 자산 운용사가 독일과 비교해 남북통일 과정에 들어갈 비용을 분석했는데요. 통일을 하려면 앞으로 10년간 2167조 원이 필요하다는 계산이 나왔습니다. 남북한 경제 격차를 줄이는 데 막대한 재정적 투입이 따를 수밖에 없다는 것이죠. 우리가 북한보다 잘살기는 하지만 남한 내부에도 세금을 들여 해결해야 할 사회적 과제들이 많은데, 통일을 위해 나랏돈을 쓰는 게 시기상조라는 주장도 일리는 있습니다.

한편 영국의 자산 운용사는 통일 비용을 한반도의 정세에

예민한 주요 국가인 미국, 중국, 일본 등에서도 함께 부담할 것을 제안하기도 했습니다. 큰 비용이 들더라도 한반도의 상황이 안정되기 시작하면 장기적으로 모두가 윈윈하는 경제 효과가 나타날 것이라는 이유에서였지요.

현실적으로 한반도를 둘러싼 주요국들이 통일에 소극적일 수밖에 없다는 예리한 지적도 나옵니다. 분단 과정에서 알 수 있듯이 우리는 국제적·지정학적으로 중요한 위치에 있습니다. 때문에 이곳을 발판 삼으려는 국가들에게는 관심의 대상으로 여겨져 수시로 침략을 받는 등 역사적인 굴곡이 유달리 심했죠. 주요국들 입장에서는 남북한의 통일이 지정학적 변수로 작용할 것이고, 이해관계에 따라 남북이 합쳐지는 상황을 보는 관점도 다를 것입니다. 한반도 통일을 바라기보다는 유지를 통한 안정적 관계를 원하는 입장이 생길 수밖에 없고요. 힘의 논리를 무시할 수 없는 국제 질서를 고려하면, 강대국들의 속마음 역시 통일에 어쩔 수 없는 방해 요소로 작용합니다.

우리 사이, 과연 좋아질 수 있을까?

남북 관계는 휴전 이후 이렇다 할 변화를 이루지 못하고 있습니다. 하지만 수십 년 동안 아무 일도 일어나지 않은 건 아닙니다. 2000년과 2007년의 정상 회담에 이어, 2018년 4월 27일 분단의 상징이었던 판문점에서 문재인 대통령과 김정은 국무위원장이 마주 앉았습니다. 판문점은 수십 년째 남북 모두의 통행이 금지된 지역으로 대립을 상징하는 장소였는데, 여기에서 남북 정상이 함께하는 모습이 전 세계에 보도되는 것만으로도 남북 화해 모드를 알릴 수 있었지요.

영화 〈공동경비구역 JSA〉의 배경이 되는 판문점에서도 사뭇 다른 분위기가 연출됩니다. '판문점' 하면 무장한 군인들이 등장하는 차갑고 무겁고 긴장된 이미지를 떠올리게 되는데요. 어디까지나 영화적 상상력이지만, 남과 북 군인들이 군사 분계선을 넘나들며 초코파이와 김광석의 노래로 우정을 다지는 장면이 나옵니다. 남북 사람들은 같은 말과 글을 쓸 뿐만 아니라 입맛과 취향까지 비슷하다는 걸 새삼 깨닫게 하는 장면들이었죠. 영화에서 중립국감독위원회 소속 장군이 다음과 같이 말하기도 합니다. "남북 간에는 수시로 긴장과 화해가 교차합니다. 남북한 회담이 진행되는 상황은 건조한 숲이죠. 아주 작은 불씨 하나로도 전체 숲이 타 버릴 수 있습니다." 외부인의 눈에 비친 냉혹한 우리 현실을 잘 보여 주는 대사가 아닌가

─○ 경기도 파주시 진서면에 위치한 판문점 전경.

싶습니다.

분단의 현실을 보여 주는 갈등 상황은 곳곳에서 일어납니다. 여러분은 '대북 전단'이라는 말을 들어 봤나요? 북한을 두고 한국의 민간단체들이 전단지와 물건, 현금 등을 풍선에 달아 북쪽으로 띄워 보내는 행위를 의미합니다. 과거 냉전 시대에는 대북, 대남 심리전이 중요했기에 전단과 방송 등을 활용하는 경우가 많았습니다. 민간단체들은 북한 주민에게 대한민국의 상황이나 인권의 가치에 대해 알리고 싶다며 전단 배포를 표현의 자유라고 말합니다. 하지만 북한은 전단에 포함된 내용이 지도자를 모욕하고 허위 사실을 담았다는 이유로 격하게 반발해 왔습니다. 그래서 대북 전단을 띄워 보내는 행위를 두고 표현의 자유인지 아니면 남북 관계를 해치고 접경 지역 주민들을 불안하게 하는 행위인지에 대해 양쪽 입장이 첨예하게 갈렸습니다.

2021년 군사 분계선 일대의 대북 확성기 방송과 전단 살포를 금지한다는 내용으로 남북 관계 발전에 관한 법률이 개정 및 시행되고 있으나, 유엔 특별보고관들은 이 법이 표현의 자유를 침해하고 민간 인권 단체의 활동을 제약할 수 있다는 우려를 표하기도 했습니다.

남북관계

남북 경제 협력에 대해서도 입장이 갈립니다. 개성공단은 남한의 기업이 진출해 북한의 노동력과 협업한 대표적인 남북 경제 협력 지구입니다. 2004년 냄비 생산을 시작으로 10여 년간 우여곡절 속에서도 꾸준히 생산 라인이 돌아가며 남북 교류 협력의 상징이 되었죠. 2016년 당시 박근혜 정부는 북한의 핵 실험 이후 개성공단에서 북한으로 지급되는 임금이 핵과 미사일 개발에 사용될 우려가 있다면서 갑작스럽게 폐쇄를 결정했어요. 북한을 두고 불가피한 선택이라는 입장도 있지만, 공단 내 기업들이 가동을 중단하면서 손해가 발생하자 남북 협력의 길도 막혀 버렸습니다.

남북 관계와 통일을 둘러싼 이야기를 읽으면서 여러분은 어떤 생각이 들었나요? 어쩌면 지금까지 한 번도 이 주제에 대해 깊이 생각해 보지 않았을 수도 있습니다. 하지만 남북이 전쟁을 끝내지 못하고 대립하는 상황은 엄연한 현실이고, 지금 당장 혹은 미래의 어느 시점에 다다르면 이 관계에 어떤 식으로든 변화가 생길 것입니다. 따라서 여러 세대의 목소리를 듣고 여러분만의 생각을 정리해 보면 유익한 시간이 될 것입니다.

마지막으로 우리보다 먼저 통일을 이룬 독일의 이야기를

해 볼까요? 1945년 2차 세계 대전 종료와 함께 독일은 소련의 영향권이었던 동독과 자본주의를 따르는 서독으로 분단되었습니다. 1961년 동독과 서독 사이에는 베를린 장벽이 들어섰고요. 지금 우리의 상황과 참 비슷하지요. 하지만 냉전이 끝나갈 즈음 공산권에 개혁과 개방의 물결이 일었고, 결국 1989년 베를린 장벽이 무너지게 됩니다. 독일을 둘러싼 국제 정세의 변화가 동서독 통일에 큰 영향을 준 것이지요. 그러나 교류가 거의 완전히 단절된 우리와 달리 동독과 서독은 갈라져 있는 와중에도 1990년대에 관계를 정상화했고, 방송과 우편 그리고 정당 등을 비롯한 여러 분야에서 교류를 이어 가며 공감대를 쌓았습니다.

통일을 이룬 지 31년이 지난 2021년에 앙겔라 메르켈(Angela Merkel) 독일 총리는 기념 행사에서 "정신적·구조적 통일은 아직 끝나지 않았다."라고 말했습니다. 통일은 이루었지만 여전히 과거 서독 지역이 동독 지역보다 부유하기도 하고, 동독 출신 시민들은 통일 독일에 살아가는 똑같은 시민임에도 끊임없이 암묵적인 의심을 받고 있어 진짜 독일인임을 계속 증명해야 하는 압박을 느낀다는 거죠. 이처럼 지속적인 교류를 지향해 온 독일조차 통일 후 30년이 넘은 시점까지 통일은 완성

되지 않았다는 평가를 내립니다. 하나가 되는 길에는 오랜 시간과 노력이 필요하다는 것을 의미하겠지요.

그런 의미에서 메르켈 전 총리가 남긴 말을 되새겨 보면 어떨까요?

"새로운 만남에 대비하고, 다른 사람들에게 호기심을 갖고, 자신의 역사를 말하고, 다름을 용인합시다. 이것이 독일 통일 31년의 교훈입니다."

남북관계 핫&이슈 ▼

'평냉' 좋아해? 원조는 북한이야!

2018년 4월 27일 판문점에서 문재인 대통령과 김정은 위원장이 나란히 섰다. 남북의 두 정상이 함께한 이 만남 자체만으로도 화제가 되기 충분했지만 뜻밖의 화제가 된 것은 바로 정상들의 테이블에 오른 냉면이었다. 평양 유명 음식점인 옥류관의 수석 요리사가 직접 만든 냉면은 메밀 가루로 면을 뽑고 차가운 육수나 동치미를 부어 먹는 대표적인 북한 음식으로 남한에서도 아주 인기가 높다.

북한에는 코로나19 감염자가 한 명도 없다고?

세계보건기구(WHO)는 2021년 8월 기준으로 북한에서 코로나19 검사를 받은 3만 6000여 명 중 확진자가 없다고 밝혔다. 북한은 코로나19 사태 이후 현재 중국과 러시아와의 국경을 걸어 잠그고 강력한 코로나19 봉쇄 정책을 펼치고 있다. 유엔 안전보장이사회 산하 대북제재위원회는 이 때문에 그간 제재를 우회해 펼쳐 온 사치품과 석유, 석탄 등의 수출입 역시 크게 줄어든 것으로 보인다고 보고했다.

최초 탈북민이 지역구 국회의원으로!

2020년 21대 국회의원 선거에서는 현재 국민의힘 소속의 태영호(총선 당시 이름 태구민) 후보가 탈북민 출신으로 국회의원에 당선됐다. 유권자의 표를 얻어야 하는 지역구 의원으로서는 처음 있는 일이었다. 태 의원은 영국 주재 북한 공사로 일하다가 2016년 8월 가족과 함께 한국으로 망명 후, 북한에 적대적인 입장인 보수 정당 소속 당원으로서 역대 선거에서 보수 정당이 우세했던 강남 지역구에서 승리했다.

대북 제재 중에도 인도적 지원은 필요할까?

○ 찬성 ○

1. 주민 생존에 필요하며 마땅히 해야 할 지원이다

인도적 지원은 그야말로 북한 주민들이 살아가는 데 필요한 식량·의료·약품·비료 등을 최소한으로 지원하는 일이다. 당국에 대한 제재와는 별도로 이루어져야 한다.

2. 장기적으로 남북 관계에 효과를 볼 수 있다

'햇볕 정책'이라는 말처럼 북한 주민에게 필요한 생필품을 계속 지원하다 보면 남한의 진정성을 알게 될 것이고 남북 관계 개선에도 도움이 될 것이다.

3. 이념보다는 인도주의적 관점으로 봐야 한다

현금 혹은 현금으로 바꾸기 쉬운 지원품이 아닌 실생활에 도움을 주는 물품들은 필요한 나라에 인도주의 차원에서라도 신속히 지원해야 한다. 북한이라고 해서 예외기 될 순 없다.

그래, 북한 주민을 위한 최소한의 지원은 꼭 필요해!

36

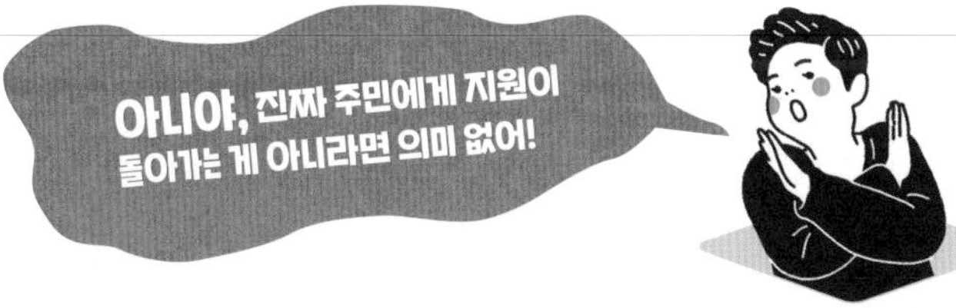
아니야, 진짜 주민에게 지원이
돌아가는 게 아니라면 의미 없어!

✖ 반대 ✖

1. 인도적 지원과 선행도 부정적 결과를 불러올 수 있다

주민을 위한 인도적 지원은 원칙에 따라 이루어질 수 있지만 북한이 지속적으로 핵과 미사일을 개발하고, 이를 압박하기 위해 국제적으로 제재를 하는 지금은 적절한 시기가 아니다.

2. 도움이 필요한 사람들에게 물품이 가는지 알 수 없다

식량이나 물품이 북한 주민들에게 제대로 돌아가지 않고 당국으로 흘러들어 간다는 인권 단체의 지적이 있는데, 이 과정을 제대로 감시할 수 있는 시스템을 먼저 만들어야 할 것이다.

3. 남한에서도 모두가 동의하고 협의하는 사항이 아니다

북한을 향한 인도적 지원은 남한 사회에서도 의견이 극명하게 갈리는 이슈인 만큼 일단 우리 내부에서 사회적 합의를 이루는 절차가 꼭 필요하다.

2

이주난민

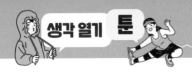

내 최애 배우
SNS.

뭘 그렇게
보냐?

오! 앤젤리나 졸리?
나도 좋아해.
같이 좀 보자.

에이, 셀카가 아니잖아.
아프간 소녀의 편지?

앤젤리나 졸리는
유엔난민기구 특사이기도
하다고. 이건 탈레반이
점령한 아프간의 한 소녀가
앤젤리나 졸리에게
보낸 편지야.

우리는 자유를 잃었고 다시 감옥에 갇혔습니다. 탈레반이 왔을 때 우리의 모든 꿈이 사라졌어요.

아프간 난민들이 짐처럼 취급되는 모습을 수십 년간 지켜보는 게 괴롭습니다. 그동안 교육을 원하고, 이를 위해 싸우는 많은 여성과 소녀를 만났습니다.

전 세계 인구의 1%가 난민, 그중 절반이 아이들이래.

난민 문제는 남의 일이라고만 생각했는데, 지구 어딘가에 사는 우리 또래가 겪는 일이라니….

그 누구도 선택하지 않은 이름

알고 보면 오래된
이주의 역사

2021년 8월 26~27일 한국에 390명의 손님이 찾아왔습니다. 최근 몇 년간 아프가니스탄(아프간)에서 한국 정부를 도와 대사관, 병원, 직업훈련원 등에서 근무했던 아프간 사람들과 그 가족들이었지요. 20년 전 미국은 아프간에서 전쟁을 통해 9·11 테러의 배후로 지목된 알카에다를 보호하는 탈레반 정권 축출에 나섰습니다. 그러나 최근 탈레반이 재집권하며 미군과 미국에 우호적인 나라를 도와 일했던 사람들이 혼란에 빠지고 말았어요. 아프간에 남아 있다간 자칫 목숨마저 위험할 수 있기 때문이었지요. 탈레반은 특히 여성 인권을 억압하

—○ 교육 평등권을 요구하는 아프간 여성 교사와 아이들.

는 것으로 악명이 높습니다. 아프간을 장악한 탈레반이 새로
내놓은 교육 규정에 따르면 여대생은 얼굴을 제외한 몸 전체
를 가리는 아바야를 입어야 하고 눈만 내놓을 수 있는 니캅을
써야 합니다. 게다가 검은색만 입어야 하죠. 수업도 남녀를 나
눠서 진행되고요. 이렇다 보니 아프간 여성들은 학업과 취업
의 기회 앞에 상당한 제약을 받고 있습니다.

우리나라는 한국 정부와 협력했던 아프간 사람들을 한국으
로 데려오기로 결정하고, 미라클 작전이라는 수송 작전을 펼

미주난민

칩니다. 아프간을 성공적으로 빠져나온 이들에게 한국은 '특별 기여자'라는 이름을 부여하고 장기적으로 체류할 수 있는 자격을 주었습니다. 법적으로는 난민과 같지만 까다로운 난민 인정 절차를 면제한 것이죠. 특별 기여자들은 한국에서 몇 달을 보내며 한글을 배우는 등 적응 기간을 거쳤습니다.

이처럼 목숨을 살리려는 절박함 혹은 조금이라도 더 나은 삶을 찾으려는 희망을 품고, 살던 곳을 떠나 국경을 넘는 사람들이 많아졌습니다. 특별 기여자들의 경우 일단 한국에 정착할 수 있어서 한시름 놓았을 테지만, 평생을 살아온 삶의 터전을 등진 난민의 불안한 마음을 어떻게 가늠할 수 있을까요?

여러분은 태어나고 자란 곳을 떠나 다른 나라에 가 본 경험이 있나요? 해외여행도 그중 하나일 것입니다. 하지만 여행자에게는 언제고 다시 돌아갈 일상이 있습니다. 반면에 고국에 언제 돌아갈지 모르는 여정을 떠난다는 것은 어떤 의미일까요? 이들은 왜 그럴 수밖에 없었을까요?

우선 국경을 넘는 사람들이 세계적으로 얼마나 되는지 알아봅시다. 우리는 이들을 '이주자(Migrant)'라고 부릅니다. 유엔

국제이주기구(IOM, International Organization for Migration)에 따르면 '이주'는 "국경을 넘었거나 특정 국가 내에서 사람이나 집단이 이동하는 것"을 말합니다. 여기에 난민, 이재민, 경제적 이유에 따른 이주자 등이 모두 포함되죠.

인류의 역사와 이주의 역사는 떼려야 뗄 수 없습니다. 아주 먼 옛날부터 우리는 여러 가지 이유로 살던 곳을 떠나 이동했어요. 그래서 인류를 '호모 미그란스(이주하는 인간)'라고 부르기도 합니다. IOM의 2020년 〈세계 이주 보고서〉에 따르면, 2019년을 기준으로 세계의 이주민은 2억 7200만 명가량으로 추정됩니다. 전 세계 인구를 약 77억 명이라고 추산했을 때 약 3.5퍼센트로, 30명 중 1명은 이주민이라고 볼 수 있지요.

이주민 통계에 잡힌 대다수는 일자리를 찾거나 결혼, 학업 등을 이유로 해외로 이주하는 경우입니다. 이들은 대부분 별다른 무리 없이 원하는 나라로 갈 수 있습니다. 미국 실리콘밸리의 유망 스타트업에 취직하거나 세계적으로 유명한 학교에서 공부하기 위해 집을 떠나 외국에 거주하는 사례를 흔히 접할 수 있습니다. 이런 점을 고려하면 이주민의 74퍼센트가 20세에서 64세 사이의 노동 가능 연령에 속한다는 것도, 이주의 방향이 경제력 있는 선진국을 향한다는 것도 납득이 되는

─o 위 1949년 영국을 떠나 미국에 도착한 이민자들의 모습.

아래 에콰도르 난민 90명이 탄 보트.

결과입니다.

자국민보다 이주민이 훨씬 많아 이주민이 없으면 사회가 돌아가기 힘든 국가들도 있습니다. 카타르의 경우 자국민은 약 12퍼센트에 불과합니다. 아랍에미리트에는 자국민이 인구의 11.6퍼센트인데 비해 인도, 방글라데시, 파키스탄 등 남아시아 노동자의 비율은 59.4퍼센트에 달합니다. 게다가 필리핀, 이집트 등으로부터 유입한 이주 노동자도 꽤 됩니다. 쿠웨이트와 바레인도 비슷합니다. 이들 모두 빠른 경제 성장을 이루며 여러 분야에서 이주 노동자가 유입된 나라입니다.

2019년 우리나라 총인구 대비 외국인 주민 비율은 4.3퍼센트로 25명 중 1명은 외국인입니다. 충북 음성군의 경우 외국인 주민의 비율이 약 15퍼센트, 서울 영등포구는 약 14퍼센트, 전남 영암군은 약 12퍼센트에 이릅니다. 대부분이 이주 노동자로, 이들이 없다면 농업과 공업 현장이 제대로 돌아가지 않는다는 말까지 나옵니다.

이와 달리 자신이 살던 국가에서 발생한 전쟁, 박해, 재난 등의 이유로 불가피하게 고향을 떠난 실향민들을 난민이나 국내 실향민(IDP, Internally Displaced Persons)이라고 부르는데요. 이주민 가운데 이들의 비율은 눈에 띄게 크지 않습니다.

이주난민

74%

자발적 이주민 중
20~64세의 노동 가능 연령 비율

42%

비자발적 이주민 중
18세 미만 어린이·청소년 비율

　자발적으로 이주하는 사람들과는 달리 강제로 이주해야만
했던 이들의 경우 18세 이하 연령 비중이 높습니다. 유엔난민
기구(UNHCR)에 따르면 전체 강제 이주민 가운데 42퍼센트가
18세 미만이라고 하는데요. 특히 2018년과 2020년 사이에 출
생하자마자 난민이 된 아이들이 100만 명이나 됩니다. 국가
위기 상황이 심각해질수록 어린아이들이 더 위험해진다는 걸
잘 보여 주는 수치입니다.

난민과
국내 실향민의 차이는?

　유엔난민기구에 따르면 난민은 인종·종교·국적·특정 사회

집단의 구성원 신분 또는 정치적 의견을 이유로 '박해를 받을 우려와 공포'라는 합리적인 근거가 있는 국적국 밖의 사람입니다. 자신이 위협받는 상황에서 자국의 보호를 받을 수 없거나 자국의 보호를 받는 것을 원하지 않는 사람이지요. 1951년 난민의 지위에 관한 협약이 체결되었고, 국제적 기준이 되고 있어 난민으로 인정되면 국제법에 따라 보호를 받을 수 있습니다.

난민과 비슷한 상황이긴 하지만 국경을 넘지 않았으며 자국에 머물러 있는 사람들이 국내 실향민인데요. 자신이 속한 국적국의 보호를 받으며 머물러 있다는 점이 난민과 다르지요. 이들 역시 인권과 국제법에 따른 보호 대상입니다. 하지만 난민으로 인정받으려면 해당 국가에서 난민 지위를 신청하고, 법적 제도적 인정을 받아야 합니다. 매우 복잡하고 오래 걸리는 절차이지요.

고향인 시리아를 떠나는 사람들

중동 국가인 시리아 알레포에 사는 어린 사마와 엄마 아빠, 세 가족은 서로를 사랑하고 아낍니다. 엄마는 사마의 주변에서 일어나는 일을 하나라도 놓치지 않으려는 듯 늘 손에 카메라를 들고 있어요. 그런데 이 가족의 일상은 한시도 평온하지 않습니다. 시리아 정부군과 러시아군이 폭격을 퍼부으면 어느새 동네 사람 몇몇은 목숨을 잃고 알레포 사람들은 비탄에 잠깁니다.

공포 속에서 엄마는 사마에게 미안하다고 합니다. 그리고 2016년에 고향 알레포를 떠나기 전까지 시리아 사람들의 이야기를 남기기 위해 계속 영상을 찍습니다. 사마의 엄마가 찍은 다큐멘터리 〈사마에게〉는 내전으로 황폐해진 시리아와 그곳에 사는 사람들의 모습을 담담하게 보여 줍니다. 사마의 엄마는 사마에게 말합니다. "네가 선택한 것도 아닌데 너를 이런 곳에서 낳다니…… 엄마를 부디 용서해 줄래?"

여러분은 시리아라는 나라가 익숙한가요? 아마 그럴지도 모릅니다. 2011년부터 벌어지는 내전으로 국제 뉴스에 오랫동안 오르내리는 국가니까요. 하지만 왜 시리아에서 전쟁이 벌어지게 됐는지, 그로 인해 얼마나 많은 사람이 희생됐는지는 알지 못하는 경우가 많습니다. 2020년 기준으로 가장 많은 난민(670만 명)이 발생한 시리아에서는 도대체 무슨 일이 있었던 걸까요?

2011년 아랍의 여러 국가에서 독재자에게 항의하는 민주화 시위가 벌어집니다. 이른바 '아랍의 봄'이에요. 시리아에서도 바샤르 알아사드(Bashar al-Assad) 대통령에 대한 비판이 거세졌습니다. 대통령을 비판한 한 낙서에 강하게 대응한 정부를 비판

아랍의 봄
2010년 튀니지에서 시작해 아랍·중동 국가 및 북아프리카 일대로 확산된 반정부 시위 운동들에 영향을 줬다.

하는 반정부 시위가 벌어졌는데, 이 시위도 강경 진압되었죠. 이후 정부군과 반군(자유 시리아군)이 팽팽하게 맞서는 내전이 시작됩니다.

상황은 이슬람 극단주의 무장 세력 이슬람국가(IS, Islamic State)가 끼어들어 시리아의 도시 곳곳을 점령하면서 복잡해집니다. IS도 시리아 정부군에 대항해 나서면서 급속히 세력을 늘렸는데요. 이에 따라 시리아 내전은 정부군과 반군의 갈등에 더해 IS 격퇴전이라는 성격도 띠게 되었습니다. 여기에 민간인으로 구성된 쿠르드족 민병대가 IS 퇴치를 내세우며 세력을 키우자 대립은 더욱더 복잡해지게 됩니다. 미국은 IS를 진압하겠다는 명분으로 개입해 쿠르드족을 지원합니다. 이후 시리아 정부를 지원하는 러시아가, 또 쿠르드족의 세력 확장을 견제하겠다는 구실로 터키가 참전합니다. 이쯤 되면 시리아

─○ 위 내전으로 파괴된 시리아의 쇼핑몰.

　아래 난민 캠프에 머무르는 이슬람 난민들.

내부 원인으로 전쟁이 시작됐지만, 내전 구도로 봤을 때 국제 전이라고 할 수 있지요. 따라서 시리아 내전을 해결하기 위해 강대국들의 책임 있는 철수가 필요하다는 의견이 나오기도 합니다.

가장 큰 문제는 지금까지 이어지는 시리아 내전의 피해가 고스란히 민간인에게 돌아간다는 것입니다. 앞에서 본 사마 가족의 상황처럼 말이에요. 내전이 시작된 2011년 3월부터 현재까지 사망한 사람이 35만 명이 넘는다는 유엔 발표가 있었습니다. 인권 단체들은 이 수치도 최소한으로 계산한 것이고 실제로는 사망자가 60만여 명에 이를 것이라고 추산합니다.

오늘날 이 같은 전쟁은 난민이 발생하는 가장 주요한 이유 중 하나입니다. 총과 포탄이 날아다니는 상황에서 삶을 영위하기 위해 난민이 될 수밖에 없는 것이지요. 2020년 내전 중인 남수단에서 220만 명, 미얀마에서도 110만 명이 난민으로 집계됐습니다. 남미의 베네수엘라에서는 시리아 다음으로 많은 난민(400만 명)이 발생했고요. 나라가 불안하고 경제 상황이 심각해지면서 사람들이 베네수엘라를 떠나고 있습니다. 시리아, 베네수엘라, 아프간, 남수단, 미얀마 등 5개 국가에서 발생한 난민이 전 세계 3분의 2에 해당합니다.

집을 떠난 이들은 어디로 갈까요? 대부분은 주변 국가로 갑니다. 시리아 난민들을 가장 많이 보호하고 있는 나라는 이웃 국가인 터키입니다. 주변국인 레바논, 요르단 등에도 많은 난민이 머물고 있습니다. 터키는 2020년 기준으로 370만 명의 난민을 수용하고 있는데, 7년째 난민을 가장 많이 수용한 나라이기도 합니다. 아무래도 오랜 시리아 내전이 영향을 줬을 것입니다. 베네수엘라와 국경을 맞댄 콜롬비아에도 170만 명이 머무르고 있습니다. 아프간 난민들이 많은 파키스탄(140만 명), 남수단과 콩고와 가까운 우간다(140만 명) 등의 순서로 난민을 많이 보호하고 있지요.

물론 난민 중 일부는 일할 기회가 많은 유럽으로 떠나려 하지만 현실적으로 어렵습니다. 그리고 이들 역시 내전이 끝나면 고국으로 되돌아가고 싶다는 희망을 품은 채 살아갈 테고요.

장벽 못지않은 오해와 편견, 게다가 혐오까지!

이 통계를 보고 의아하다고 생각했나요? 유럽의 일부 국가들이 난민의 유럽행을 막기 위해 국경 경비를 강화하고, 미국

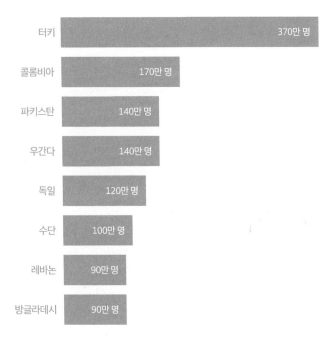

가장 많은 난민을 수용한 국가(2020년 기준)

국가	난민 수
터키	370만 명
콜롬비아	170만 명
파키스탄	140만 명
우간다	140만 명
독일	120만 명
수단	100만 명
레바논	90만 명
방글라데시	90만 명

◦ 출처: 유엔난민기구

이 멕시코와의 국경에 철조망을 세우려 했다는 뉴스에 익숙한 사람이라면 '난민은 돈을 벌기 위해 선진국으로 향하고, 내국인의 일자리를 위협하지 않나?' '난민으로 인해 선진국이 혼란을 겪는 것 아니었어?'라는 질문을 던질지도 모르겠습니다.

하지만 실상은 다릅니다. 앞에서 본 대로 난민 대부분은 인접국으로 향하게 마련이고, 86퍼센트 정도는 개발도상국, 그중에서도 27퍼센트가량이 저개발국가에 머물고 있으니까요. 선진국으로 분류되는 국가 중에는 독일 정도가 121만여 명을 수용하고 있는 상황입니다.

이처럼 우리는 난민에 대해 잘 모르는 채로 언론이 배포하는 이미지를 단편적으로 접합니다. 그래서 더욱더 막연한 두려움을 갖고 있지요. 분쟁이 오랜 기간 잦았던 중동이나 아프리카와 지리적으로 먼 우리나라의 경우 난민이라는 개념조차 생소했으니까요.

우리나라 사람들이 난민에 대해서 내 일처럼 깊이 생각해보게 된 계기는 2018년 아라비아반도 남서부에 있는 예멘에서 난민 561명이 비자 없이 입국 가능한 제주도로 들어오면서부터였습니다. 어쩌다 이들은 8000킬로미터나 떨어진 아시아, 그중에서도 대한민국 제주도로 입국하게 됐을까요?

2015년 예멘에서는 반군이 수도 사나를 장악하고 정부군과 대립하며 내전이 본격화됐습니다. 예멘 땅을 떠나는 이들이 줄을 이었고, 이 중 일부가 비자 없이도 체류할 수 있는 말레이시아로 향했지요. 그러나 말레이시아는 난민 협약에 가입한 나라가 아니었어요. 예멘 사람들은 말레이시아로부터 직항이 있고, 무사증 입국이 가능한 곳을 찾아야 했습니다.

국가 간 이동을 할 때는 입국 허가(사증)가 필요한데, 허락 없이 상대 국가에 들어갈 수 있는 예외적인 사항도 있습니다. 2018년 당시 제주도는 관광을 목적으로 한 외국인은 비자 없이 무사증 입국을 해 30일간 체류할 수 있게 한 상태였지요. 그렇게 예멘 난민은 인종도 종교도 언어도 생소한 한국이란 나라에 입국할 수 있었습니다.

예멘 사람들의 입국 소식이 알려지자 사람들의 반응은 극명하게 갈렸습니다. '무슬림을 들이면 절대 안 된다. 테러가 발생할 수도 있다.' '우리나라 사람들도 취업이 어려운 상황에 왜 난민까지 받아야 하느냐.' 등 다양한 이유를 들어 청와대 국민청원에 난민 반대 주장이 올라오기도 했습니다. 이런 주장들은 과연 사실일까요? 무작정 안 된다고 하기 전에 먼저 난민에 대해 정확히 알아야 합니다.

우선 난민에게 '세금을 퍼 준다.'라는 주장을 살펴보겠습니다. 2020년 기준으로 난민과 관련해 정부에 편성된 예산은 24억 6700만 원가량입니다. 총예산의 0.0005퍼센트 정도죠. 이 돈도 난민 혹은 난민 지위를 인정받기 위한 심사를 기다리느라 인도적 체류 자격을 부여받은 사람들을 지원한다기보다는, 대부분 심사를 위한 통역비, 조사관 활동비 등 행정 절차에 쓰입니다. 다른 국가로 들어온다고 해서 무작정 난민 지위가 주어지는 것이 아니므로 난민법에 따른 심사를 거쳐야 하는데요. 그 심사를 기다리는 동안 최대 6개월 동안만 지원받을 수 있고, 이 혜택을 받는 비율도 제자리걸음입니다.

그럼 이들은 어떻게 생존할까요? 일을 찾을 수밖에 없습니다. 그런데 우리가 해외에 나가서 사는 것과 마찬가지로 난민이 고국에서 하던 일을 그대로 하거나 적성을 살려 직업을 선택하긴 어렵습니다. 대부분은 난민 신분의 노동자를 고용하는 사람 밑에서 일할 수밖에 없지요.

불안한 신분이 일터에서 약점으로 작용하는 경우도 있습니다. 난민인권센터의 자료를 보면 한 난민 신청자는 "아프리카 출신이라는 이유로 심한 인종차별을 받고, 다른 외국인들과 비교해 일자리를 구하기도 힘들다."라고 토로했어요. 또 다

른 인도적 체류자는 이렇게 말합니다. "하
루 종일 쉬지 않고 공장에서 일한 적도 있
으며, 인도적 체류 비자를 가져가면 취업시
켜 줄 수 없다는 답변을 듣기도 한다."라고
요. 언제까지 이런 신분으로 생활해야 하는
지 기약 없는 상황에 답답할 것입니다.

인도적 체류자
난민 지위에 해당하지
않지만, 비인도적 처우
나 처벌 또는 그 밖의 상
황으로 생명이나 신체의
자유 등을 침해당할 수
있다고 인정할 만한 사
람으로서 체류 허가를
받은 외국인이다.

또 다른 우려로 난민이 들어오면 사회가
불안해진다는 의견이 있습니다. 잠재적 테
러리스트일지도 모르는 난민이 우리 사회에서 어떤 일을 저
지를지 모른다는 목소리가 높아집니다. 하지만 전 세계적으로
난민들이 얼마나 범죄를 일으키는지에 대한 정확한 통계가
없을뿐더러, 외국인 전체의 범죄 비율을 보더라도 이들이 더
많은 범죄를 일으킨다는 주장은 사실과 다릅니다.

심지어 우리나라는 엄격하고 까다로운 심사로 난민 인정률
이 높지 않아요. 2020년 기준으로 0.4퍼센트라는 낮은 수치를
기록하고 있습니다.

난민뿐만 아니라 이주민 자격으로 다른 나라를 향하는 사
람은 국경을 넘다가 목숨을 잃기도 합니다. 2019년 영국에서
는 냉동 컨테이너 안에서 39구의 시신이 발견되었는데, 불법

으로 국경을 넘은 베트남인으로 밝혀져 큰 충격을 줬습니다. 영국으로 몰래 이주하려던 이들은 밀수 조직에 돈을 지불하고 위험한 방법을 택했는데, 트럭 운전사가 통풍구를 닫으며 질식한 것으로 알려졌습니다. 살인과도 같은 행위로 트럭 운전자는 법정에 나서야 했고요. 이처럼 잊을 만하면 일어나는 끔찍한 사고는 브로커 조직이 절박한 이주민을 상대로 위험한 영업을 하고 있는 현실을 보여 줍니다.

세계 지도자들 가운데는 이들을 불법 체류자, 범죄자라고 낙인찍음으로써 자신의 정치적 이익을 찾으려는 이들도 있습니다. 미국의 도널드 트럼프(Donald Trump) 전 대통령은 이주민들 가운데 불법 체류자를 찾아내 돌려보내겠다고 으름장을 놓았고, 실제로 대대적인 단속에 나서기도 했습니다. 중남미에서 넘어오는 사람들을 막기 위해 미국과 멕시코 국경에 말그대로 거대 장벽을 설치하기도 했지요.

이런 강력한 정책에 외국인 노동자의 노동력이 필요한 거대 기업이 의견서를 내기도 했습니다. 자유를 찾아 미국으로 온 이민자들의 나라 미국에서 이 같은 조치는 건국 이념에 어긋난다는 측면도 있었지만, 한편으로는 실질적인 이유도 있었어요. 다양한 국가에서 온 외국인 노동자의 창의력이 생명인

—o 국내 이주 노동자 차별 금지를 촉구하는 이주 노동자들.

애플, 구글 등 IT 기업이 정부의 차별적인 조치가 비즈니스에 악영향을 준다며 의견을 낸 것입니다.

　미국뿐만 아니라 유럽에서도 정치적으로 난민을 향한 혐오를 부추긴 사례를 쉽게 찾아볼 수 있습니다. 대표적으로 난민에 포용적인 독일에서도 '독일을 위한 대안(AfD)'이라는 극우 정당은 "이슬람은 독일의 일부가 아니다."라는 방침을 정책으로 내세운 적이 있습니다.

　우리나라에서도 '등록'되지 않았다는 이유로 공공연한 차별을 받는 사람들이 많습니다. '불법 체류'라는 이름으로 불리며

미등록 이주 노동자와 그 자녀들은 존재마저 '불법'이 되어 안전을 보장받지 못하고 있습니다.

우리도 갑자기 난민이 될 수 있다고?

우리도 언젠가 이주민, 난민 신분이 될 수 있을까요? 지금 당장은 그럴 가능성이 적다고 해도 아예 가능성이 없지는 않습니다. 급변하는 국제 사회에서 일어나지 않을 일이라고 확신할 수 없으니까요. 우리 중 누구도 고국에서 쫓겨날 거라고 상상해 본 적은 없을 거예요. 그러나 한반도에도 비슷한 일이 있었습니다. 우리 역사에서 오래된 이야기일까요? 불과 70여 년 전 한국 전쟁이 일어났고 그로 인해 피란민이 대거 발생했습니다. 거처를 찾지 못한 사람들은 해외로 향할 수밖에 없었답니다. 1950년 한국 전쟁이 일어나자 유엔이 유엔한국재건단(UNKRA, UN Korea Reconstruction Agency)을 만들고 피란민을 위한 숙소와 학교 등을 지원했습니다. 유엔 설립 후 최초로 도움을 받은 난민이 바로 한국 사람들이었던 것입니다.

전쟁이 아니더라도 기후 변화로 인해 지구 곳곳에서 '기후난민'이 발생할 수 있다는 우려도 있습니다. 이미 우리가 경험하고 있는 폭염, 혹한, 가뭄과 홍수, 산불 등 극단적인 기후 현상을 비롯해 해수면 상승 등으로 저지대에 사는 거주민들이 하루아침에 살던 곳을 잃거나 떠나야 하는 위기에 놓여 있습니다. 기후 난민이 2050년까지 1억 4000만 명이 될 것으로 전망하기도 하지요. 전 세계적인 기후 위기 앞에 누구도 예외가 될 수 없을 것입니다.

그렇다면 우리는 무엇을 해야 할까요? 지금이야말로 전 세계인이 함께 살아가는 방법을 고민할 때가 아닐까 싶습니다. 2010년 이란에서 한국으로 건너와 개종을 하고 난민 신청을 한 김민혁 군의 경우 중학교 친구들이 그를 도와 난민으로 인정받게 해 달라는 국민청원을 올리고 시위에 나섰죠. 친구들은 '이란에서 온 제 친구를 도와주세요.' '친구와 함께 공부하고 싶어요.'라는 문구가 적힌 피켓과 현수막을 들고 적극적으로 지원했습니다. 2018년 민혁 군에 이어 2021년 민혁 군의 아버지도 친구들의 응원 속에 난민 지위를 인정받았지요. 친구들은 왜 이렇게까지 나섰을까요? 처음에는 낯선 모습에 심리적 거리를 뒀을지도 모르지만, 민혁 군과 함께 학교생활을 하면서 그도 우리와 다르지 않고 바로 옆에서 숨 쉬는 친구이자 이웃이라는 경험을 했기 때문입니다. 누구라도 친구이자 이웃의 안전을 바라는 건 당연할 거예요.

난민뿐만이 아니라 이주민을 보더라도 21세기 이후 국경을 넘지 않으며 살아가기는 어렵습니다. 기업과 학교의 국경은 기술의 발달로 사실상 무의미하고, 우리 모두는 언제 어디서든 이방인, 이주민, 외국인이 될 수 있거든요. 게다가 저출산, 고령화 사회에서 이주 노동자의 유입은 유연한 노동력을 위해 불가피한 현상이기도 합니다. 글로벌 시대에 이주 현상 자체를 막을 수는 없으니, 우리는 공존을 고민해야 합니다.

우리는 어떻게 서로 낯선 문화를 받아들이면서 관계를 맺고, 함께할지 그 방법을 끊임없이 고민하고 논의해야 합니다. 시대와 사회 상황에 따라 방법은 다를 수밖에 없지만 한 가지 확실한 점은 그들도 우리와 다르지 않다는 것입니다. 이것을 알고 인지하는 것이 무엇보다 중요합니다.

여러분에게 파키스탄에서 소녀들이 교육을 받을 권리를 주장했다가 탈레반으로부터 위협을 당해 탈출한 말랄라 유사프자이(Malala Yousafzai)를 소개하고 싶은데요. 난민이자 최연소 노벨상 수상자이기도 한 말랄라는 1997년 파키스탄에서 태어났습니다. 어린 시절, 여성 교육을 탄압하는 탈레반 정권에 대한 글을 몰래 인터넷에 올렸다가 통학 버스에서 말랄라를 찾아내려는 탈레반의 총격으로 자신은 물론 친구들까지 다치는 안타까운 사건이 벌어졌습니다. 말랄라는 고향을 떠날 수밖에 없었고, 영국에서 치료받았습니다. 몇 년 후 유엔 연설에서 아이들이 교육받을 권리를 주장했고, 난민이 처한 현실을 전 세계에 알리면서 16세에 최연소 노벨 평화상을 받았지요.

말랄라는 지금도 용감하게 인권 운동가로 활약하고 있답니다. 그의 말은 '난민'이란 이름을 다시 생각하게 합니다.

"난민도 평범한 사람이란 사실을 모르는 사람들에게, 난민

─○ 말랄라는 고향인 파키스탄을 떠날 수밖에 없었지만, 세계적인 여성 인권 운동가로 거듭나 용기 있는 행보를 이어 가고 있다.

이주난민

이라는 이름을 얻게 된 이유는 오직 폭력의 한복판에서 어쩔
수 없이 떠나야 했기 때문이라는 것을 알려 주고 싶습니다."

놓치지 마요

이주난민 핫&이슈 ▼

올림픽에 출전한 난민 선수단

2016년 리우데자네이루 올림픽에서는 국가 대표가 아닌 난민 대표팀(ROT, Refugee Olympic Team)이 출전했다. 세계 곳곳에서 위기가 벌어지면서 국제 올림픽 위원회(IOC)가 난민 출신 선수들을 모아 팀을 구성한 것이다.

1998년 시리아에서 태어난 유스라 마르디니(Yusra Mardini)는 내전 중인 시리아를 떠나 독일에 정착한 선수로, 고무보트가 급류에 휩쓸리자 바다를 헤엄쳐 건넜다. 어려움을 딛고 수영 선수로 출전한 그는 말한다. "누구도 난민이 되길 선택한 적이 없어요. 전쟁과 폭력이 우리에게 준 다른 이름일 뿐이지요."

목숨을 건 여정, 건너지 못한 강

2019년 6월 미국과 멕시코 국경 지대에 리오그란데 강에서 티셔츠 안에 얼굴을 집어넣은 채 강둑에 머리를 묻고 숨을 거둔 23개월 아이의 충격적인 모습이 발견됐다. 고향인 엘살바도르를 떠난 아이의 가족은 멕시코 남부 국경 이민자 보호소에서 몇 달가량 머무르다가 멕시코를 떠나 미국으로 가려던 길이었다. 리오그란데 강은 애리조나주의 소노란 사막과 함께 이주자들이 거치는 경로로 강폭이 좁아 보이는 반면, 깊고 거칠어 이민자들은 위험을 무릅쓰고 뛰어드는 곳이다.

난민 금지! 국경에 설치한 장벽

탈레반이 아프간을 탈환한 뒤 아프간을 탈출하는 난민이 늘어날 우려가 생기면서, 그리스가 터키와의 국경 지역에 40킬로미터 장벽과 감시 시스템을 설치했다. 터키와 국경을 맞댄 그리스는 중동 지역을 떠난 난민들이 통과하는 관문 지역으로 알려져 있다. 아프간을 떠나 터키를 거쳐 그리스로 들어오려는 난민을 막겠다는 취지에 비난 또한 거세다.

난민을 위한 지원이 꼭 필요할까?

○ 찬성 ○

1. 인권을 위한 일이므로 당연하다

난민은 전쟁, 신변의 위협 등으로 삶의 터전을 등진 사람들로 이들의 인권을 지킬 수 있도록 돕는 건 당연한 일이다.

2. 우리가 받은 도움을 잊어선 안 된다

일제 강점기, 한국 전쟁 직후엔 우리 국민도 난민이었던 시절이 있다. 이제 우리의 능력이 되는 한 국제 사회에서 책임 있는 자세를 보여 줘야 한다.

3. 제대로 된 뉴스를 보고 판단해야 한다

난민을 향한 터무니없는 비방, 혐오나 증오는 차별의 다른 이름과도 같다. 난민에 대한 오해와 가짜 뉴스에 속지 말고 상호 주장들을 차분히 들어 보고 나만의 생각을 세우는 일이 필요하다.

그래, 입장 바꿔 생각해 봐! 누구의 인권이라도 보호받아야 마땅해.

아니야, 난민이 들어오면
여러 문제가 생기진 않을지 걱정인걸!

✖ 반대 ✖

1. 난민이 국내 일자리를 뺏는 건 시간문제다

난민이 계속 유입되면 우리나라의 경제적 부담이 늘어날까 봐 걱정이다. 장기적으론 우리 국민들이 일자리를 두고 그들과 경쟁해야 하기 때문이다.

2. 해외 사례를 참고해 냉정히 판단해야 한다

유럽 등 다른 나라에서 난민을 받지 않는 데는 그럴 만한 이유가 있지 않을까? 난민들이 한 사회에 급작스럽게 편입되고 적응하려면 경제적 비용 못지않은 사회적 혼란이 발생할 것이다.

3. 아직 난민을 받아들일 준비가 되지 않았다

우리 사회가 난민을 받아들이는 문제에 대해 충분히 토의하고 공감대를 형성하는 일이 먼저라고 생각한다.

3

종교분쟁

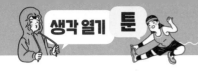

후루룩 짭짭 후루룩 짭짭
맛 좋은 라면~♬
오, 라면맛이 좀 독특한데?
신상 라면이야?

이태원 할랄 식품점에서 샀지.
내가 요즘 비건에 관심이 많잖아.
할랄 라면엔 돼지고기가
안 들어간다는 사실!

할랄 식품점이 따로 있다니,
우리나라에도 무슬림이 많은가 봐.

근데 솔직히 무슬림 하면
테러나 전쟁이 떠올라서
좀 무섭지 않아?

일부 강경파와 종교 분쟁 때문이지.
사실 대다수 무슬림은 우리처럼
평범한 사람들인데.

지긋지긋한 종교 분쟁!
아니, 우리 집도 지난 명절에
제사냐 예배냐 문제로
또 싸웠다니까.

우리도 이제
제사 음식 지겹다.

그만 싸우고들
얼큰한 라면이나
한 그릇 올려다오.

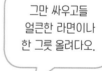

믿음이 혐오와 전쟁으로 번지기까지

여러분은 주변에서 '할랄(Halal) 푸드' 표시를 한 식품이나 식당을 본 적이 있나요? '할랄'은 아랍어로 '받아들일 수 있는' '허용된' '합법적인'이라는 의미입니다. 이 단어가 음식에 붙여 판매될 때는 이슬람 율법에 따라 이슬람교도, 즉 무슬림이 사용하거나 소비하도록 허용된 제품이라는 의미가 되지요.

'할랄'의 반대말은 '하람(Haram)'으로 '금지된'을 의미합니다. 돼지고기처럼 무슬림에게 엄격히 금지되는 식품이나 소비재를 말할 때 사용하는 단어지요. 명확하게 가려내기 어려운 것은 '의심스럽다'는 뜻의 '슈브하(Shubhah)'로 구분해, 섭취나

—○ 할랄 레스토랑, 정육점, 슈퍼마켓은 외국뿐 아니라 우리나라에서도 점점
늘어나고 있다.

활용을 자제하도록 하고 있습니다.

이처럼 이슬람 사회에서는 율법에 따라 허용되는 음식과 금지되는 음식을 엄격하게 구분합니다. 할랄은 과일·야채·곡물뿐만 아니라 해산물 등 먹을 수 있는 것을 포함하며, 무슬림이 쓸 수 있도록 허락된 모든 제품을 가르키지요. 넓은 의미에서 화장품, 금융 등 허용할 수 있는 모든 재화와 서비스를 뜻합니다.

하람으로 규정된 음식에는 돼지고기와 돼지의 일부로 만든 모든 음식뿐만 아니라 해당 동물의 피와 그 피로 만든 식품들이 포함됩니다. '알라의 이름으로'라고 기도문을 외우지 않고 도축한 고기도 금기 음식이지요. 그러니까 알라의 이름으로 도축된 소고기, 닭고기 등은 할랄에 해당하기 때문에 먹을 수 있습니다.

무슬림은 동물이 신의 창조물이고 영혼을 갖고 있다고 생각하기 때문에 모든 도축 행위는 알라의 이름으로 이루어져야 한다고 믿습니다. 하람 식품은 무조건 섭취가 금지되지만, 하람 식품이 아닌 비(非)할랄 식품의 섭취 가능 판단은 이슬람

─○ 무슬림은 하루 다섯 번, 일정한 시간과 규율에 맞춰 솔랏(Sholat)이라고 하는 의식을 갖는다.

학파마다 조금씩 차이가 있다고 해요. 어패류는 비늘이 있는 물고기만 허용하는 학파도 있으며, 바다에서 나는 모든 것을 할랄에 속한다고 보는 관용적인 학파도 있습니다.

이슬람 국가가 아닌 곳에서 이슬람 국가에 음식이나 소비재 등을 수출하기 위해서는 반드시 할랄 인증 마크를 받아야 합니다. 할랄 식품을 판매하는 식당 역시 할랄 인증서를 받아야 하지요. 할랄 식품으로 인정받기 위해서는 식품의 종류뿐만 아니라 조리 과정도 중요합니다. 하람 식품이 한 번이라도 거쳐 간 식기에서 조리되었다면 할랄로 인정받을 수 없으며, 돼지에서 추출된 젤라틴 등을 사용한 과자 같은 가공식품 역시 하람 식품으로 분류됩니다. 고기는 도축과 검수를 모두 무슬림이 맡아야 하며, 식품의 가공·포장·보관·운송 등 유통 과정 전반에 걸쳐 하람과의 철저한 분리가 필요합니다.

이처럼 까다로운 기준을 통과해야 하기 때문에 할랄 식품이 상대적으로 깨끗하고 안전한 음식이라는 인식을 주기도 합니다. 덕분에 무슬림이 아닌 일반 소비자까지 할랄 식품을 찾는 경향이 나타나고 있어요. 이슬람교도는 아니어도 이국적인 맛과 더불어 안심할 수 있는 음식을 즐길 수 있다면 맛과 건강을 잡을 수 있기 때문이겠지요.

할랄 식당이 늘어나고 있는 것은 그만큼 국내에 이슬람교 신자가 많아지고 있음을 뜻합니다. 전 세계 무슬림 인구는 약 18억 명인데, 법무부와 한국이슬람교중앙회에 따르면, 외국인을 포함한 국내 무슬림 인구는 2021년 5월 기준으로 총 26만 명입니다. 2008년 대비 115퍼센트나 증가했지요. 이 중에는 한국인 무슬림도 있으며 약 6만 명으로 추정됩니다. 이슬람 사원인 모스크도 꾸준히 증가해 스물세 곳이 등록되어 있습니다. 대표적인 모스크는 이태원에 있지요.

이처럼 국내에 무슬림 인구가 늘어나면서 갈등 사례도 늘어나고 있습니다. 2018년 예멘에서 무슬림 난민 수백 명이 제주도에 들어왔을 당시, 일부 기독교인들이 이슬람을 근간으로 한 국가에서 온 신분이 불분명한 사람들은 국내 치안을 불안하게 할 수 있다며 반대했습니다. 2021년 아프간 난민 입국 때도 불편한 시선이 있었지요.

이슬람교 외의 종교들 역시 비슷한 사례를 보여 줍니다. 2010년 일부 보수 개신교 단체 신자들이 서울 봉은사 내에서 개신교식 예배를 올리고 일명 '봉은사 땅 밟기' 동영상을 공개해 파문을 일으킨 적이 있었지요. 당시 기독교 내에서도 거센 비판이 제기되자 해당 단체 신자들이 봉은사를 다시 찾아와 서 사과했습니다. 2021년 부처님오신날에는 서울 조계사 일주 문 앞에서 기독교 신자 10여 명이 찬송가를 부르고 불교를 모 독하는 구호를 외치면서 행사를 방해하기도 했어요. 이에 조 계종 종교평화위원회는 종교 갈등을 일으키는 비상식적인 행 위를 중단하고, 교단을 대표하는 연합 기구는 종교 간 화합을 해치는 행위를 방관하지 말라고 요구했습니다.

기독교와 유교 간의 갈등도 적지 않습니다. 기독교도는 교 리에 따라 조상에게 올리는 제사를 거부하다 보니, 가족 구성 원 내에 분란이 일어나는 경우가 많지요. 기독교도는 제사를 우상 숭배로 여겨 비판하고, 기독교도가 아닌 사람은 전통문 화일 뿐인 제사를 종교적 관점에서 본다는 것 자체를 이해하 기 어려워합니다.

제사를 둘러싼 갈등은 조선 시대에 가톨릭교가 처음 전파 됐을 때부터 시작됐습니다. 서양에서 들어왔다는 데에서 '서 학'이라고 불렸던 가톨릭교를 박해했던 주요 원인 중 하나가 바로 제사 문제였어요. 1791년 전라도 진산에 사는 가톨릭 신 자인 선비 윤지충과 그의 외사촌 권상연이 집안에 모시고 있

던 신주(神主)를 불태운 사실이 알려지면서 온 나라가 발칵 뒤집혔습니다. 신주란 사망한 사람의 인적 사항을 적어 넣은 나무패로, 우리 선조들은 조상의 혼이 깃들어 있다고 믿고 있는데요. 이 신주를 매우 정성스럽게 모시며 제사를 지내다가 4대가 지나면 묘에 묻는 전통을 지켜 왔습니다. 요즘은 신주 대신 종이에 글을 써 모신 지방으로 대체하고 있습니다. 그처럼 귀하디귀한 물건을 가톨릭 신앙을 지킨다는 이유로 불태우고 제사를 거부한 윤지충과 권상연의 행동이 당시 조선 사회에 얼마나 큰 충격을 불러일으켰을지는 쉽게 짐작할 수 있

종교분쟁

을 것입니다. 두 사람은 결국 붙잡혀 온갖 고초를 겪으며 종교를 버릴 것을 강요당했지만 끝까지 버티다가 참수형에 처해졌습니다.

역사에서는 이를 '신해박해(辛亥迫害)' '진산사건'으로 기록하고 있습니다. 그로부터 223년이 지난 2014년 윤지충과 권상연은 서울 광화문 광장에서 거행된 시복식에서 복자(福者)가 됐습니다. 복자란 가톨릭교회에서 신앙생활을 모범적으로 해서 많은 존경을 받은 사람에게 주는 존칭인데, 교황의 허락을 받아 수여됩니다. 시복식은 복자 존칭 수여식을 가르킵니다.

가톨릭교회 내부에서도 동아시아의 제사 전통이 교리에 어긋나는지를 놓고 혼란을 겪다가 1930년대 중후반 교황 비오 12세가 "유교 문화권의 조상을 기리는 제사는 과거에는 조상 숭배 요소를 분리해 내기 힘들었으나, 현대에는 조상 숭배적인 요소보다는 민속적 관습 혹은 사회 문화 풍속이 되었다고 볼 수 있다."라고 밝히면서 정리가 됐습니다. 미신적 요소를 배제하는 조건으로 조상에 대한 제사를 허용한 것이지요. 우리나라 일부 가톨릭 가정에서는 제사를 지내지만, 개신교 가정에서는 제사 대신 고인을 추모하는 모임이나 예배를 갖는 데에는 이러한 역사적 배경이 있습니다.

믿으라! 그리고 싸우라?
점점 더 번지는 갈등

전 세계에는 다양한 종교가 존재합니다. 우리는 다양한 신을 믿고 있지요. 그중 기독교·이슬람교·힌두교·불교를 4대 종교라 칭합니다. 2021년 한국선교연구원 통계에 따르면, 전 세계 인구(약 79억 명) 중 종교를 가진 사람은 무려 70억 명이나 된다고 하는데, 기독교인이 25억 명, 무슬림이 19억 명, 힌두교인이 11억 명, 불교인은 6억 명으로 추정됩니다.

종교 갈등의 역사는 길고도 깁니다. 로마 시대에 수많은 기독교도들이 박해를 받아 숨졌고, 11세기부터 13세기까지는 기독교와 이슬람교의 성지인 예루살렘을 놓고 양측이 정면충돌하는 전쟁을 벌였어요. 서유럽의 기독교 국가들이 무슬림으로부터 예루살렘을 탈환하기 위해 감행한 대규모 원정이 '십자군 전쟁'이지요. 16세기에는 종교 개혁 운동으로 신·구교가 대립하면서 유럽이 피로 물들기도 했습니다. 기독교의 신·구교 갈등은 21세기인 지금도 이어지고 있어요.

선지자 무함마드를 숭배하는 이슬람교 역시 시아파와 수니파로 갈려 1400년이 넘도록 싸우고 있습니다. 이슬람교가 둘로 쪼개져 갈등하게 된 것은 632년경 무함마드가 후계자를

정하지 않은 채 숨지면서 시작됐어요. 무함마드의 혈육을 후계자로 해야 한다는 시아파, 공동체 합의를 통해 적임자를 뽑아야 한다는 수니파로 의견이 갈리게 된 것이지요. 대표적인 시아파 국가로는 이란, 수니파 국가로는 사우디아라비아를 꼽을 수 있습니다. 양 종파의 종주국인 두 나라는 오랜 앙숙지간이 되었지요. 신자 수는 수니파가 85퍼센트로 다수를 차지하고 있습니다.

2011년부터 계속되고 있는 시리아 내전은 시아파 정권 대 수니파 반군, 2014년부터 2021년 현재까지 이어지고 있는 예멘 내전은 수니파 정권 대 시아파 반군의 대결이라고 할 수 있습니다. 중동 지역에선 이슬람의 시아파 국가와 수니파 국가 간의 갈등 외에도 유대교를 믿는 이스라엘과 이슬람교를 믿는 팔레스타인이 수십 년 동안 충돌하고 있습니다. 레바논에서는 기독교의 일파인 마론파와 이슬람 수니파 및 시아파 간의 갈등으로 1975년부터 1990년까지 내전이 발생해 수많은 사망자와 난민이 발생했습니다. 이후 각 종교 세력이 권력을 나눠 가지면서 유혈 분쟁이 수그러들기는 했지만, 언제든 내전

이 재발할 수 있는 아슬아슬한 상황이 이어지고 있지요.

아시아에서도 종교 갈등으로 인한 분쟁이 곳곳에서 일어
나고 있습니다. 대표적인 예가 인도에서 벌어지고 있는 힌두
교와 이슬람교 간의 유혈 충돌입니다. 인도는 13억 8000만 명
인구 중 약 80퍼센트가 힌두교를 믿고 있습니다. 이슬람교 신
도는 약 14퍼센트이지요. 힌두교는 수백 수천의 신을 가진 다
신교이고, 이슬람교는 기독교처럼 하나의 신을 섬기는 일신
교입니다. 인도에서 두 종교의 갈등은 500여 년 전으로 거슬
러 올라갑니다. 이슬람교도인 무굴 제국 제1대 황제 바부르가

종교분쟁

1526년 인도를 정복한 후 이슬람교도들은 곳곳에 있는 힌두교 사원을 대대적으로 파괴했어요. 힌두교가 우상을 숭배한다는 이유에서였습니다.

그때 파괴된 사원 중 하나가 인도 북부 우타르 프라데시주 아요디아에 있는 힌두교 라마 신을 모시는 사원이었습니다. 이슬람교도들은 아요디아 사원을 부수고, 그 자리에 이슬람 모스크를 세운 뒤 황제 이름을 따 '바부르 모스크'로 명명했어요. 한국식 한자음으로 아유타(阿踰陀)라고 불리는 아요디아는 인도인들이 가장 사랑하는 힌두교 신 중 하나인 라마 신이 탄생한 성지로 알려져 있습니다. 그러니 힌두교 신자들의 입장에선 라마 신 사원을 부수고 모스크를 지은 무슬림이 철천지 원수 같을 수밖에 없었겠지요.

1992년 힌두교도들이 라마 사원을 다시 짓겠다며 바브르 모스크에 몰려가 삽과 곡괭이 등으로 부서뜨리자 이에 반발한 이슬람교도들이 보복에 나서면서 양측에서 무려 2000명 이상이 목숨을 잃는 비극이 일어났습니다. 이 사건은 인도 종교 역사상 최악의 유혈 사태로 기록되었습니다.

인도 서부 구자라트주 아마다바드에서도 1969년과 1985년, 2002년에 힌두교 극우주의자들이 일으킨 반무슬림 폭동으로

—○ 시크교도연합 장소에 모인 사람들의 모습.

수천 명이 희생되었습니다. 2002년에는 무슬림 신도가 힌두교 순례자들이 탄 기차에 불을 질러 수십 명의 목숨을 빼앗는 일이 일어나자, 힌두교도들이 집단적인 보복을 가해 무슬림 2000여 명이 사망하고 20만 명이 난민 신세가 됐습니다.

　인도에는 힌두교와 시크교의 갈등도 있습니다. 시크교는 힌두교와 이슬람교가 섞인 종교로, 15세기 펀자브 지방에서 시작됐어요. 머리 위에 둥그렇게 칭칭 두른 터번이 시크교도의 대표적인 상징물이지요. 힌두교와 달리 일신교이며, 인도의 신분제인 카스트를 인정하지 않습니다. 인도 인구 중 시크교도는 약 2퍼센트로 추정됩니다. 1984년 6월 당시 인디라 간디(Indira Gandhi) 총리는 인도로부터 분리 독립을 주장하면서 펀자브주 암리차르에 있는 시크교 최대 성지인 황금사원을 점거하고 투쟁 중인 시크교 지도자를 잡기 위해 사원에 군대를 투입했습니다. 이 과정에서 약 2700명이 사망했어요. 그로부터 4개월 후인 1984년 10월, 시크교 경호원 2명이 간디 총리를 향해 총을 쏴 암살했습니다. 그러자 인도 전국에서 시크교도를 겨냥한 폭동과 살인 사건이 이어졌고 수도 델리에서만 시크교인 2700명 이상이 살해당한 것으로 전해집니다. 시크교 측은 전국적으로 3만여 명이 숨졌다고 주장했어요.

인도의 인접국인 스리랑카는 불교도가 다수인 싱할라족과 힌두교 타밀족이 끊임없이 싸우며 맞서 온 나라로, 1983년부터 2009년까지 양측이 내전을 벌여 수만 명이 사망했습니다. 2019년 부활절에 가톨릭교도와 기독교도들을 노린 폭탄 테러가 일어나 290명이 목숨을 잃는 사건도 있었습니다. 인구 다수가 불교도인 미얀마에서는 서부 라카인주에 주로 거주하는 이슬람교도 로힝야족을 대상으로 이른바 '인종 청소'가 자행되어 국제 사회의 우려와 비난이 쏟아졌습니다.

신은 하난데
종교는 여러 개

모든 종교는 사랑과 평화, 관용을 강조합니다. 그런데 왜 사람들은 종교가 다르다는 이유로 서로 싸우는 것일까요? 가장 큰 이유로는 유일신교의 특성을 꼽을 수 있습니다. 기독교, 이슬람교, 유대교 등과 같은 유일신교는 오직 하나의 신만 존재한다고 믿습니다. 다른 종교는 진짜로 여기지 않기 때문에 타협하지 못하고 충돌하게 되는 것이지요.

물론 힌두교와 같은 다신교나, 부처를 숭배하지만 스스로 부처가 되는 것을 궁극적인 목적으로 하는 불교 문화권에서도 종교 갈등이 일어나기는 합니다. 대표적인 불교 국가인 미얀마에서는 아신 위라투(Ashin Wirathu)라는 승려가 불교 극단주의를 이끌어 많은 문제를 야기하고 있습니다. 반이슬람 민족주의 운동인 '969운동'의 리더인 그는 '불교계의 오사마 빈라덴'으로 불리기까지 합니다.

이탈리아의 저명한 작가이자 기호학자인 움베르토 에코(Umberto Eco)는 2015년 4월 기고한 〈뉴욕 타임스〉 칼럼에서 "역사적으로 대륙을 넘나들며 벌어진 큰 전쟁은 늘 유일신 종교에서 시작됐다. 자신이 믿는 신을 내세워 전쟁에 나선 종교

종교분쟁

는 기독교와 이슬람교뿐"이라고 주장했습니다. 그러면서 "현대 사회는 유일신 종교들이 벌이는 거대한 전쟁에 휘말려 있으며 각자의 경전(성경과 코란)을 상대방에게 강요하기 위해 어떤 위협도 서슴지 않는 새로운 세계 대전"이라고 표현했지요.

당시 전 세계는 불과 석 달 전인 2015년 1월 프랑스 파리에서 일어난 극단적 이슬람 근본주의자들이 풍자 주간지 〈샤를리 에브도〉 편집국에 들이닥쳐 총기를 난사한 사건으로 큰 충격에 빠져 있었습니다. 그해 11월에는 극단적 이슬람 근본주의자들로 이루어진 무장 조직 이슬람국가(IS) 조직원들이 파리의 공연장, 카페, 경기장 등에서 동시다발로 폭탄 및 총기 테러를 벌여 많은 사람이 희생되었지요.

세계 곳곳에서 벌어지는 종교 갈등에는 민족 및 영토 갈등 등 여러 원인이 뒤섞여 있는 경우가 많습니다. 예를 들어 2차 세계 대전 당시 독일 나치에 의해 유대인들이 대규모로 학살당한 지 80여 년이 지났지만 유럽 등 지구촌 곳곳에서는 반유대주의가 여전히 이슈가 되고 있지요. 유대인들이 유럽에서 수차례 차별과 탄압, 학살을 당했던 데에는 예수를 십자가에 매단 이들이란 종교적 이유뿐만 아니라 특유의 선민의식과 배타성을 가진 유대 민족에 대한 반감이나 혐오감, 경제권

─○ 위 〈샤를리 에브도〉 총기 난사 사건 희생자를 기리기 위해 모인 시민들.

　아래 이스라엘 경제에 타격을 주기 위해 시오니즘 반대 운동을 하는 사
　　　람들.

장악에 대한 우려 등 다양한 원인이 작용했습니다. 특히 유대인 중에는 사업에 크게 성공한 사람들이 많았는데, 그것이 오히려 반감을 불러일으키는 요인이 되기도 했어요. 여러분이 잘 아는 세계적인 창업가들도 유대계가 상당수입니다. 스타벅스 최고 경영자 하워드 슐츠(Howard Schultz)나 구글의 공동 창업자 세르게이 브린(Sergey Brin) 등이 대표적인 예입니다.

21세기에도 이어지고 있는 시오니즘(Zionism), 이스라엘과 팔레스타인의 갈등에는 유대교와 이슬람교의 충돌뿐만 아니라 영토 갈등이 중요하게 작용하고 있습니다. 2차 세계 대전이 끝난 후 1948년 유대교 지도자들이 중동 팔레스타인 지역에서 이스라엘 국가를 세울 것을 선언하면서 충돌이 시작됐지요. 2000여 년 동안 국가 없이 떠돌며 살아야 했던 유대인들에게 팔레스타인 땅은 민족의 고향이었지만, 그곳에서 오랫동안 살아온 아랍인들에게도 잃어서는 안 될 소중한 삶의 터전이었습니다. 이후 양측은 수차례 무력 충돌을 벌였고, 이스라엘의 힘이 커지는 것을 두려워한 인근 아랍 국가들이 가세

선민의식과 배타성
선민의식이란 자기 민족만이 신의 특별한 선택을 받았다고 믿는 것을 말한다. 이에 따라 다른 사람과 민족에 대해 우월감과 차별적인 태도를 띤 배타성을 지니게 된다.

시오니즘
세계 각지에 흩어져 핍박받던 유대인들이 자신들의 땅을 찾아 민족 국가 건설을 하고자 하는 민족주의를 의미한다.

하면서 국제적인 전쟁까지 벌어졌어요.

　1948년부터 1973년까지 4차에 걸친 이른바 중동 전쟁에서 이스라엘이 모두 승리했지만, 이후로도 둘의 갈등으로 인해 중동 지역에서는 혼란과 충돌이 계속됐습니다. 팔레스타인 내부에서 아랍계 주민들이 대규모 무장봉기를 일으켰고, 이스라엘은 이를 잔인하게 탄압해 국제 사회의 비난을 받았어요. 팔레스타인의 독립을 주장하는 팔레스타인해방기구(PLO)는 이스라엘뿐만 아니라 이스라엘을 지원하는 미국 등 서구 국가들을 겨냥해 테러를 벌이기도 했고요.

　하지만 양측은 1993년 평화 협정을 체결하게 됩니다. 미국의 중재로 열린 협상에서 숱한 난항을 겪은 끝에 이츠하크 라빈(Yitzhak Rabin) 이스라엘 총리와 야세르 아라파트(Yasser Arafat) PLO 의장이 서명한 '오슬로 협정'의 핵심은 양측이 상대방의 정부를 상호 인정하고, 팔레스타인 남서단에 위치한 가자 지구와 요르단강 서안 지구에서 이스라엘이 철수하고, 팔레스타인 자치 정부를 수립하는 것이었습니다. 이에 따라 팔레스타인 자치 정부가 세워지기는 했지만 이스라엘이 팔레스타인에서의 완전 철수를 지키지 않으면서 갈등은 현재까지도 계속되고 있지요.

종교분쟁

1990년대에 발칸반도에서 벌어진 이슬람교도 학살 사건도 정치적 갈등 및 영토 분쟁이 원인이었습니다. 이 사건은 1989년 독일을 동서로 가르던 베를린 장벽이 무너진 이후 공산 체제의 붕괴와 함께 유고 연방(1945~1992)이 해체되는 과정에서 일어났습니다. 1991년부터 슬로베니아를 시작으로 크로아티아·보스니아·세르비아· 몬테네그로 등이 분리 독립했지요. 1995년 에는 보스니아에서 내전이 일어나 기독교 분파인 세르비아 정교회를 믿는 세르비아 계가 스레브레니차에서 이슬람교도가 다수 인 보스니아계 주민들을 대규모로 학살하는 인종 청소 만행을 저질렀어요. 이는 2차 세계 대전 이후 유럽에서 벌어진 최대 규모의 학살 사건으로 손꼽힙니다.

유고 연방
1차 세계 대전의 근원지였던 유럽 동남쪽 발칸반도에 있던 유고슬라비아사회주의공화국을 말한다.

1998년부터 1999년까지는 세르비아를 중심으로 한 신유고 연방군이 이슬람교를 믿는 알바니아계 주민들로 구성된 코소보 해방군을 무찔러 토벌한다는 명분으로 코소보를 침략해 1만 명이 넘는 생명을 앗아 가 버렸습니다. 이후 국제 사회의 개입으로 겨우 평화를 되찾은 코소보는 2008년 독립 국가를 선언했지요.

전 세계의 종교 갈등

이스라엘-팔레스타인	유대교 vs. 이슬람교
사우디아라비아-이란	이슬람 수니파 vs. 시아파
예멘	이슬람 수니파 정부군 vs. 시아파 후티 반군
발칸반도	기독교 vs. 이슬람교
키프로스	기독교 그리스계 vs. 이슬람교 터키계
러시아 체첸	러시아 정교 vs. 이슬람교
아르메니아-아제르바이잔	기독교 vs. 이슬람교
나이지리아	이슬람교 vs. 기독교
에티오피아	에티오피아 정교 vs. 개신교 에티오피아 정교 vs. 이슬람교
수단	이슬람교 아랍계 vs. 기독교 및 아프리카계 토착신앙
인도	힌두교 vs. 이슬람교 힌두교 vs. 시크교
카슈미르	힌두교 인도 vs. 이슬람교 파키스탄
스리랑카	불교 싱할라족 vs. 힌두교 타밀족
미얀마	불교 버마족 vs. 이슬람교 로힝야족
파키스탄	이슬람교 vs. 기독교 이슬람 수니파 vs. 시아파
필리핀 민다나오	기독교 vs. 이슬람교

종교 간 화합은
가능할까?

　지금까지 살펴보았듯이 종교 분쟁은 단기간에 풀기 어려운 문제입니다. 그러나 종교 간 화해와 공존을 모색하려는 노력은 계속되고 있어요. 가톨릭교를 이끄는 프란치스코 교황은 종교 간 화합과 난민 문제에 큰 관심과 노력을 기울여 오고 있습니다. 이슬람 국가들을 여러 차례 직접 방문하기도 했지요. 유대계 음악가이자 세계적인 지휘자인 다니엘 바렌보임(Daniel Barenboim) 등 많은 유명인이 이스라엘과 팔레스타인 간의 평화를 호소하는 활동을 펼쳐 호응을 얻기도 합니다.

　이 같은 노력들이 쌓여 언젠가 지구상에서 종교가 다르다는 이유로 싸우는 일이 사라지는 날이 올까요? 우리에게 종교란 어떤 의미이며, 갈등을 줄이기 위해 지금 당장 할 수 있는 작은 일은 무엇인지 생각해 봐야겠습니다.

　마지막으로 프란치스코 교황의 호소를 들어 봅시다.

　"모든 종교의 신자들이 힘을 합쳐 종교적 광신과 극단주의에 맞서야 합니다. 종교가 더는 무지와 불관용의 알리바이가 되어서는 안 됩니다."

놓치지 마요

종교분쟁 핫&이슈 ▼

사우디아라비아와 이란의 갈등

2021년 10월 이슬람의 수니파와 시아파를 대표하는 두 나라가 남몰래 접촉해 물밑 대화를 이어 오고 있다는 사실이 알려지며, 중동 정세의 변화로 이어질지 관심이 쏠렸다. 두 나라는 2016년 외교 단절에 이른 적이 있으며, 외교 관계를 유지하던 당시에도 사이는 좋지 않았다고 한다. 대화 분위기는 화기애애했던 것으로 전해지며, 중동 지역 정세에 깊숙이 개입해 온 미국 정부는 국제 사회 안정에 도움이 되는 둘의 대화를 환영한다고 밝혔다.

한국인의 과반수, "종교 갈등 심각해!"

미국 여론 조사 기관 퓨리서치는 2021년 17개국 국민을 대상으로 한 조사에서, '다양성'에 대한 긍정적인 응답률 못지않게 '갈등'에 대한 우려 역시 높다고 밝혔다. 정치 갈등이 '매우 심각'하거나 '심각'하다고 답한 사람이 50퍼센트였고, 인종은 48퍼센트, 종교는 36퍼센트였다. 무엇보다 한국의 정치 갈등을 지적한 응답률이 90퍼센트로 가장 높았고, 종교는 61퍼센트로 2위였다. 프랑스(56퍼센트), 미국(49퍼센트), 독일(46퍼센트)보다 훨씬 높은 수치였다.

"종교의 자유 보장하라!" vs. "주민의 생활권은?"

2020년 12월 무슬림 유학생 단체가 대구의 한 동네에 모스크 건축 허가를 받아 착공에 돌입했다. 주민들은 주택가에 모스크가 생기면 피해가 예상된다며 구청에 탄원서를 제출했고, 구청은 공사 중지 행정 명령을 내렸다. 그러자 무슬림 관련 단체들은 행정 명령 집행 정지를 요구하고 나섰다. 무슬림 측은 종교의 자유에 대한 차별이자 탄압을, 주민들은 주택가에 신도들이 몰릴 수 있는 종교 시설에 대한 반대일 뿐임을 주장하며 맞섰다.

내가 믿지 않는 종교도 인정해야 할까?

○ 찬성 ○

1. 내 종교만 옳다고 생각하는 건 오만이다

복잡하고 다양한 현대 사회에서 갈등 없이 공존하기 위해선 다른 사람의 종교도 이해하고 존중하는 자세가 필요하다.

2. 다양성을 인정하면 관용을 배울 수 있다

우리나라는 개신교·가톨릭교·불교·이슬람교 등 다양한 종교가 평화롭게 공존하는 국가이다. 나와 다른 종교도 이해하고 존중하는 것이 종교인의 올바른 태도가 아닐까? 타인의 종교를 인정해야 나의 종교도 인정받을 수 있다.

3. 헌법에서도 종교의 자유를 보장한다

우리나라 헌법에는 모든 국민이 법 앞에 평등하다고 쓰여 있다. 그러니까 종교·성별·인종·장애 등을 이유로 한 차별을 막는 법은 당연히 있어야 한다.

그래, 현대 사회의 특징 중 하나가 다양성이잖아. 종교도 마찬가지야.

98

아니야, 믿음은 타협할 수 있는 것이 아니야.

✖ 반대 ✖

1. 종교라는 믿음은 존중되어야 한다

아무리 다양성을 존중하는 사회라고 해도 종교는 다른 차원이다. 신념이 확고한 개인과 집단 앞에 이것도 옳고 저것도 옳다는 태도는 맞지 않다.

2. 신 외에 다른 존재를 섬길 수 없다

기독교·이슬람교·유대교 등과 같은 유일신교는 오직 하나의 신만 존재한다고 믿는다. 따라서 내가 믿는 종교 이외에 다른 종교의 신을 이해하고 관용하는 것은 불가능하다.

3. 차별 금지법은 해결책이 될 수 없다

종교적 차별을 금지하는 법이 제정되면 오히려 종교의 자유가 없어질 수도 있지 않을까? 특정 종교를 전도하는 활동이 어려워질 가능성도 있다고 본다. 다른 종교에 대한 차별 행위로 보일 수 있기 때문이다.

4.

미중갈등

아니, 웬일로
네가 지각이래?

이게 다
요소수 때문이야!
통학 버스까지 멈춰서
뛰어왔다니까.

중국이랑 호주랑 다퉈서
이 난리가 난 거라며?
사이좋게 지내더니
갑자기 왜 그런대.

알고 보면 그 둘 사이에
미국이 끼어 있지.
그러니까 이건 사실상 미중 싸움!

커지는 중국과 초조한 미국의 기 싸움

디젤차와 전기차가
멈춘 이유는?

2021년 말, 미국 전기차 제조업체 테슬라의 자동차를 받은 일부 구매자들은 차 내부를 살펴본 후 놀라고 말았습니다. 아무리 찾아도 USB 충전 포트가 없기 때문이지요. SNS에는 충전 포트가 없는 테슬라에 관한 글들이 계속 올라왔고, 차량 내 무선 충전 기능 역시 없다는 불만도 제기되었습니다.

같은 시기에 독일 BMW와 미국 제너럴모터스(GM)도 터치스크린이나 충전 패드 등을 제외한 차량을 출고해 화제가 됐어요. 이와 관련해 미국 경제지 〈월스트리트 저널〉은 반도체 칩 부족 사태가 장기화될 것이란 전망이 거세지면서 자동차

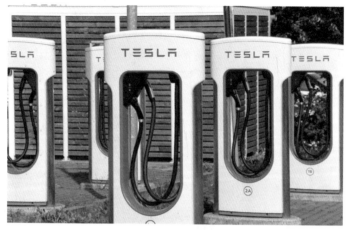

─○ 위 테슬라 전기차 충전소의 모습.

아래 전기차 충전 포트.

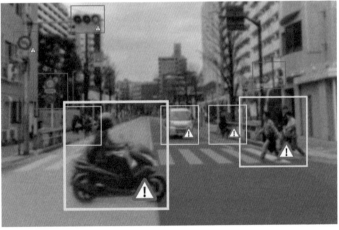

——○ 위 통신망을 구현해 도로 위 컴퓨터 같은 역할을 하는 커넥티드 카.

아래 표지판과 차선뿐만 아니라 앞차와 보행자 신호까지 동시에 처리하는
　　　자율주행차.

제조업체들이 일부 부품을 뺀 채 차량을 내놓거나, 반도체 칩 사용량을 줄이기 위해 아예 자동차 구조를 재설계하기까지 했다고 설명했습니다.

커넥티드 카(Connected Car)라는 말을 들어 본 적이 있나요? 통신망을 구현하는 무선 랜이 장착되어 네트워크를 연결하고 다양한 서비스를 제공해 주는 차를 말합니다. 자동차 자체가 마치 도로 위를 달리는 컴퓨터가 되는 셈이지요.

이처럼 자동차 기술이 하루가 다르게 발전하고 있습니다. 사람의 조작 없이 스스로 움직이는 자율주행차가 흔해지는 날이 머지않은 듯합니다. 여러분은 미래에 자동차를 타고 날아다닐지도 몰라요. 공상 과학 영화에서 봤던 장면이 현실이 되는 것 이지요.

커넥티드 카
운전자뿐만 아니라 다른 차량이나 교통 인프라 등과 연결되는 실시간 통신으로 탑승자 편의와 교통안전을 높인다.

자율주행차
기존에 운전이 어려웠던 교통 약자도 이용이 자유로워지는 한편, 운전자의 실수로 인한 교통사고가 줄면서 의료나 보험 등 사회적 영향이 커질 전망이다.

자동차의 기능이 많아질수록 꼭 필요한 부품이 있습니다. 바로 반도체 칩입니다. 우리가 마치 몸의 일부처럼 늘 가지고 다니는 스마트폰은 물론이고 컴퓨터, TV, 세탁기 등 모든 전자 제품에 반드시 들어가는 소재와 부품이 바로 반도체 칩이지요. 자동차 한 대에는 몇 개의 반도체 칩이 들어갈까요? 연료를 공급해 움직이는 내연 기관 자동차의 경우 평균 약 200개에서 많게는 300개가 넘게 들어갑니다. 전기차에는 400개에서 500개, 자율주행차에는 보통 2000개 이상의 반도체 칩이 장착된다고 해요.

그런데 2021년 우리나라는 물론이고 전 세계가 반도체 칩 부족 현상으로 난리가 났어요. 반도체 칩이 모자라 공장 가동을 일시 중단한 회사들도 있었습니다. 도대체 왜 이런 일이 벌어졌을까요? 전문가들은 우선 코로나19 사태로 인한 팬데믹

을 원인 중 하나로 꼽았습니다.

　백신 접종이 확대되면서 전 세계가 서서히 일상을 되찾는 동안 늘어난 신차 수요를 자동차 업체들이 미처 예측하지 못했다는 것입니다. 뒤늦게 자동차에 들어갈 반도체 칩 주문에 급히 나섰지만, 자동차보다 수익성이 높은 휴대전화, 가정용 전자 기기 반도체의 수요도 만만치 않아 순서가 뒤로 밀린 것이죠. 2021년 초 미국 텍사스주에 유례없는 한파가 몰아닥치면서 대규모 정전 사태가 일어난 일이 있었는데요. 이때 설상가상으로 삼성전자 등 반도체 공장의 생산 라인이 멈췄고, 세계 2위 자동차 반도체 제조업체인 일본 르네사스 공장에서 화재가 나는 바람에 석 달 동안이나 생산에 어려움을 겪는 등의 상황도 영향을 미쳤습니다.

　그러나 가장 큰 원인은 미국과 중국 간의 갈등입니다. 두 나라가 싸우는 바람에 글로벌 반도체 생산에 차질이 빚어진 것이지요. 2021년 3월 세계 최대 반도체 위탁 생산업체인 대만의 TSMC를 이끄는 마크 리우(Mark Liu) 회장은 미국과 중국의 갈등이 반도체 공급망에 가장 큰 불확실성을 초래했다고 밝히면서, 해결 방안은 이 두 나라의 협상에 달렸다고 전망했습니다.

미중 갈등이 우리나라에 미치는 영향의 또 다른 사례를 살펴볼까요? '파이브 아이즈(Five Eyes, 다섯 개의 눈)'라는 동맹이 있습니다. 미국을 중심으로 영국, 캐나다, 호주, 뉴질랜드가 참여하고 있는 이 동맹은 기밀 정보 공유를 목적으로 하지요. 20세기 중반 냉전이 치열하게 벌어졌을 때 소련 등 공산 국가들에 대항하려는 5개국이 정보를 나누기 위해 만들었으며, 현재까지도 활동하고 있습니다.

2021년 11월 미국 하원 군사위원회가 파이브 아이즈에 한국을 비롯해 인도, 일본 등 아시아 국가들을 추가할 필요가 있다는 법안을 통과시켰습니다. 왜일까요? 바로 중국 때문입니다. 중국을 견제하기 위해 기존의 영어권 국가뿐만 아니라 아시아 국가들과도 협력할 필요가 생긴 것이지요. 이 법안이 실제 효력을 갖기까지는 거쳐야 할 절차와 많은 과정이 남아 있지만, 미국 의회가 한국과 협력하려는 마음을 먹었다는 건 우리나라의 정보 수집 역량을 높이 평가했기 때문으로 의미가 큽니다.

그런데 이런 상황을 무조건 환영할 수만도 없습니다. 그동안 미국은 영국, 호주, 캐나다, 뉴질랜드 정부를 상대로 중국의 통신 장비 업체 화웨이 제품을 사용하지 말라고 강하게 압

─○ 트럼프 전 미국 대통령에 이어 중국 견제 정책을 펼치는 바이든.

박했거든요. 화웨이가 중국 정부 및 공산당, 군부와 밀접한 관계를 맺고 있으며, 제품에 정보 유출 장치를 은밀히 심어 미국 등 각국의 중요한 정보를 빼내 가고 있다는 이유에서입니다. 또 중국 내 각종 인권 탄압에 화웨이의 기술이 이용되고 있다고 비난하기도 했어요.

2021년 11월 조 바이든(Joe Biden) 미국 대통령은 국가 안보를 우려한다는 이유로 화웨이는 물론 중국의 또 다른 통신 장비 업체 ZTE 제품을 구매하지 못하도록 하는 '보안장비법'

에 서명했습니다. 한마디로 미국에서 중국제 통신 장비를 싹 거둬들이겠다는 것이지요. 미국은 파이브 아이즈는 물론 한국 등 세계 각국에 화웨이 장비 도입 중단을 요구했습니다.

따라서 우리나라가 파이브 아이즈에 참여할 경우, 미국은 화웨이 제품은 물론 중국과의 모든 통신 기술 협력을 중단하라고 요구할 게 분명합니다. 반중 정책에 따른 요구를 모두 받아들인다면 우리나라는 중국으로부터 보복을 당할 수 있고요.

우리나라가 미국과 중국 간 패권 경쟁으로 인해 피해나 영향을 받은 경우는 이미 많습니다. 2016년 7월 미국과 우리나라가 사드(THAAD, 고고도 미사일 방어 체계)를 배치하자 중국은 한국 관광을 막고 한국 제품 판매를 금지하는 등 경제 보복을 가했지요.

요소수
디젤 엔진이 사용되는 자동차나 산업용 기계, 장비에서 배출되는 공기 오염 및 매연물질을 줄여 주며, 암모니아수와 비슷한 성분이 있다.

2021년 디젤 자동차에 사용되는 요소수가 부족해 난리가 났던 일도 따지고 보면 미국과 중국 때문이었습니다. 시작은 중국의 호주산 석탄 수입 금지였어요. 그로 인해 중국에서 석탄 부족과 전력난 사태가 발생했고, 요소 생산량이 크게 줄어들자 중국 정부는 수출 제한에 나섰습니다. 요소의

97퍼센트를 중국에서 들여오는 우리나라는 직격탄을 맞을 수밖에 없었어요.

중국은 도대체 왜 호주의 석탄 수입을 금지했던 걸까요? 원래 두 나라는 밀접한 경제 협력 관계를 유지해 왔지만, 미중 갈등이 격화되면서 호주가 미국 편에 서자 중국이 무역 보복을 가하고 나선 것입니다.

무역은 시작에 불과해…
외교·군사·인권까지 전방위 충돌!

미국과 중국의 갈등이 본격화된 것은 2017년 8월 도널드 트럼프 대통령이 미 무역대표부(USTR)에 중국의 지적재산권 침해 조사를 지시하면서부터입니다. 트럼프는 취임 전부터 중국을 맹비난했습니다. 미국이 중국과의 교역에서 매년 적자를 보는 이유가 중국이 미국의 지적재산권을 훔쳤기 때문이라는 이유에서였습니다. 중국이 미국의 일자리를 빼앗아 갔다는 주장도 했지요. 2018년 트럼프는 USTR의 조사 결과를 토대로 중국산 세탁기부터 태양광 패널과 철강, 알루미늄까지 각종 품목에 높은 관세를 부과했습니다. 이에 중국도 미국산 수입품의 관세를 대폭 올리는 대응을 하고 나섰고요. 2019년에도 두 나라는 '보복 관세 전쟁'을 이어 나갔습니다.

2020년 1월 미국과 중국은 오랜 협상 끝에 무역 갈등을 해소하기 위한 조치에 합의하기로 했어요. 그럼에도 상황이 개선되지는 않았습니다. 미국은 다시 전면적으로 화웨이 사용 제재를 가하는 동시에 중국 정부의 위구르족 감시를 돕거나 대량 살상 무기 등 군부와 관련된 중국 기업과 기관들을 블랙 리스트에 올렸습니다.

위구르족은 중국 북서쪽 신장 위구르(웨이우얼) 자치구에 주로 거주하는 소수 민족이에요. 이슬람교를 믿는 튀르크 계통 유목 민족으로 중국의 주류 민족인 한족과는 문화와 종교는 물론 외모도 많이 다릅니다. 위구르족은 오래전부터 자치권 확대 및 분리 독립을 외치며 중국과 마찰을 빚어 왔어요. 중국은 위구르족에 대한 감시와 탄압의 강도를 점점 더 높였고요.

인권 단체들은 중국 정부가 신장 위구르 자치구에 강제 수용소를 만들어 위구르족 수만 명을 감금해 놓고 고문 등 끔찍한 만행을 저지른다고 비난합니다. 중국이 첨단 기술을 이용해 위구르족을 무차별적으로 감시하고 있다는 주장도 제기하지요. 그러나 중국 정부는 위구르족을 탄압한 적이 없으며, 수용소라는 곳은 위구르족이 중국 사회에 통합될 수 있도록 돕

는 교육 기관이라고 반박합니다. 또 미국과 국제 사회가 중국 내정에 간섭해 분열을 조장하고 있다고 맹비난하고요. 무역 문제로 시작된 양국 간의 갈등이 인권 문제로 번지고 있는 상황이지요.

미국 대통령이 공화당의 트럼프에서 민주당의 바이든으로 바뀌었지만, 미중 갈등은 완화되기는커녕 오히려 두 번째 라운드에 진입하고 있습니다. 바이든은 전 정부의 대중국 정책을 이어받아 중국에 대한 고삐를 더욱 강하게 바짝 잡아당기는 중입니다. 중국 기업이 미국에 투자해 핵심 기술을 빼 가는 것을 막기 위해 투자 금지 기업을 59개로 확대하는가 하면,

위구르족 인권 탄압에 기술을 제공했거나 위구르족에게 강제 노동을 시킨 기업들에 대한 제재도 단행했습니다. 첨단 전자 기기 제조의 핵심 원료 중 하나인 희토류 등을 안정적으로 확보할 수 있는지 여부를 조사하라는 행정 명령도 내렸지요. 희토류가 부족해지면 첨단 산업 전반이 큰 타격을 받을 수밖에 없으니까요. 조사 대상에는 희토류뿐만 아니라 반도체, 배터리, 의약품도 포함됐습니다.

희토류
스마트폰, 전기차 배터리는 물론 스텔스 전투기까지 거의 모든 전자 기기에 필수적으로 사용되는 광물로 '첨단 산업의 비타민'으로 불린다.

중국은 전 세계에서 희토류를 가장 많이 생산하고 있는데요. 미국이 핵심 부품과 원

료 공급을 다른 국가, 즉 중국에 지나치게 의존하고 있다는 우려에서 비롯된 조치였습니다.

2010년 중국과 일본이 센카쿠 열도를 놓고 영유권 분쟁을 벌였을 당시에도 중국이 희토류 수출 금지로 보복해 일본 경제에 타격을 입힌 적이 있습니다. 트럼프 전 대통령 행정부는 중국이 희토류를 무기화하는 것을 막고, 자국의 전자 및 방위 산업 등 핵심 산업 분야를 보호하기 위해 광산업에 국가 비상 상태를 선포하기도 했지요. 희토류와 우라늄 등 35개 광물을 미국 경제 및 안보에 필수적인 주요 광물로 지정하기도 했습니다.

미국의 움직임에 중국은 희토류를 생산하는 국유 기업의 구조 조정과 통합 계획을 발표하며 맞대응했습니다. 흩어져 있는 국유 기업들을 하나로 통합해 미국과의 희토류 분쟁에 대비하겠다는 게 중국의 의도인 듯했습니다. 과거 중동 지역 국가들이 석유를 무기화했던 것처럼 말이지요. 따라서 중국이 희토류를 무기로 삼을 가능성도 배제할 수 없습니다.

미국과 중국은 군사 및 외교 측면에서도

극초음속 미사일
마하5(마하1은 약 초속 340미터) 속도의 미사일로 지금까지 러시아, 중국, 미국만 발사에 성공했다.

치열한 신경전을 벌이고 있습니다. 2021년 8월 중국은 극초음속 미사일을 우주로 발사한 다음 지상으로 낙하시켜 목표물을 타격하는 실험을 해 전 세계를 깜짝 놀라게 했습니다. 극초음속 미사일은 음속의 다섯 배 이상으로 날아가는 미사일을 말합니다. 중국 정부는 이 시험이 군사적인 목적이 아니라 우주 기술 개발을 위한 것이라고 말했어요. 하지만 전문가들은 미국의 미사일 방어를 대비하기 위한 것으로 보고 있습니다.

중국의 군사력은 미국에 비하면 뒤처지는 편입니다. 미국 군사력 평가 기관인 글로벌파이어파워(GFP)의 '2020년 세계 군사력 순위'에 따르면, 미국은 한 해 동안 7405억 달러의 국방비를 지출했으며, 이는 중국(1782억 달러)의 4배 이상인 것으로 나타났습니다. 인구·국방비·병력·무기 등 48개 부문을 종합해 산출한 군사력 지수에서도 미국은 1위를 차지했습니다. 중국은 2위인 러시아에 이어 3위에 머물렀습니다.

그럼에도 미국이 바짝 긴장하는 이유는 중국의 첨단 무기 기술이 빠른 속도로 발전하고 있기 때문입니다. 게다가 중국은 2045년까지 우주 최강국이 되겠다며 의지를 내비치고 있는데요. 달에 유인 우주선을 보내고 화성에 탐사선을 보내는 등 우주 개발에도 박차를 가하고 있어요. 중국이 내세우는 '우주 굴기(崛起)'는 '산봉우리처럼 우뚝 일어서다.'라는 뜻으로, 보잘것없는 상태에서 변화해 두각을 드러내고 최고가 되겠다는 것을 의미합니다. 다시 말해 경쟁 국가들을 제치고 최고가 되겠다는 강한 의지가 담겨 있지요.

미국과 중국이 외교적으로 가장 첨예하게 부딪히는 이슈는 바로 대만(타이완)입니다. 중국은 '하나의 중국' 원칙을 내세우면서 대만을 자국 영토라고 주장합니다. 2021년 시진핑(習近平) 국가주석은 10월 9일 신해혁명(辛亥革命) 110주년 기념식에서 "조국 통일을 반드시 이루겠다."라고 표현했습니다. 대만을 겨냥한 발언이 틀림없었지요. 이틀 후 차이잉원(蔡英文) 대만 총통은 중화민국 건국 110주년 행사에서 "대만과 중국은 서로 예속되어선 안 된다."라며 "대만의 미래는 대만인의 뜻에 따라 결정되어야 한다."라고 맞받아쳤습니다.

대만 해협을 사이에 두고 동쪽과 서쪽에 자리 잡고 있어서 '양안(兩岸) 관계'로 불리는 중국과 대만의 사이는 때로는 우호적이고, 때로는 일촉즉발의 위험한 상황으로 치닫기도 합니다. 이런 상황에서 트럼프가 미

신해혁명
1911년 청나라를 무너뜨리고 대만을 세운 혁명이다.

중화민국
대만의 정식 명칭으로 청나라 본토에서 활약했던 장제스 정권이 중국 공산당과의 내전에서 패해 1949년에 옮겨 왔다.

중 외교 관계의 핵심으로 꼽히는 '하나의 중국' 원칙을 무시하고, 대만이 중국으로부터 공격당할 경우 미국이 군사적으로 보호하고 나서겠다는 의지를 수차례 나타내는 바람에 두 나라 간에 무력 충돌이 벌어지는 것이 아니냐는 우려가 높아지기도 했습니다.

미국과 중국의 갈등이 무력 충돌로 번질 경우, 동아시아는 물론 전 세계에 미치는 영향은 엄청납니다. 서로의 세력을 넓히려는 패권 경쟁이 전쟁으로 치달아서는 결코 안 되겠지요. 두 나라가 대화와 협상으로 갈등을 해소하는 노력을 계속 기울여야 합니다.

'투키디데스의 함정'을 잊지 않으려면?

미국 정부가 '중국 때리기'에 적극적으로 나선 데에는 일명 '중국 제조 2025'가 중요한 계기가 됐습니다. 사실 두 나라 간 무역 갈등은 어제오늘 일이 아니었어요. 일찍이 중국에서 만들어진 저가 물품들이 쏟아져 들어와 미국산 제품들이 경쟁력을 잃고 있다는 불만이 터져 나왔지요. 중국제 없는 일상생활이 어려울 정도라는 말도 있었어요. 하지만 이를 두고 정면

충돌할 정도는 아니었습니다. 미국 소비자 입장에서도 저렴하면서 다양한 중국산 제품을 구매할 수 있었으니까요.

그런데 2015년 중국 정부가 '중국 제조 2025'를 선언하면서 상황은 달라집니다. 리커창(李克强) 총리는 당시 전국 인민대표 대회에서 중국의 경제 모델을 '양적 성장'에서 '질적 성장'으로 바꾸겠다는 야심 찬 전략을 발표했습니다. 정보 기술, 로봇, 항공 우주, 해양 공학, 친환경 에너지 등 10개 첨단 산업을 2025년까지 중국의 핵심 산업으로 발전시키기 위해 정부가 적극적으로 지원에 나서겠다는 전략이었지요.

미국 입장에서는 화들짝 놀랄 만한 일이었습니다. 중국의 기술력이 아직은 미국에 크게 뒤처져 있다고 생각해 왔는데, 어느새 미국과 경쟁하는 수준에 이르렀고 중국 정부의 전폭적인 지원에 힘입어 미국을 추월할 수 있다는 현실을 깨닫게 된 것이지요. 게다가 중국 정부가 해외 국가들과의 경제 및 외교 협력을 도모한다며 계획을 추진하고 나서자, 미국은 더욱 다급해질 수밖에 없었습니다.

국제통화기금(IMF)의 집계에 따르면, 2020년 미국의 국내총생산(GDP)은 20조 9326억 달러로 세계 1위입니다. 2위인 중국은 14조 7228억 달러를 기록했습니다. 일본(5조 487억 달러)

과 독일(3조 8030억 달러)이 각각 3, 4위를 차지했습니다. 참고로 한국은 1조 6309억 달러로 전년 12위에서 10위로 올랐어요(전에 비해 액수가 줄었음에도 2순위나 오른 이유는 코로나19로 인한 경제 충격이 다른 국가에 비해 상대적으로 덜했던 덕분입니다).

중국의 GDP는 미국의 70.3퍼센트 정도입니다. 중국의 경제 규모가 아직은 미국에 미치지 못하지만 70퍼센트 선을 넘기는 처음입니다. 곧 추월해 1위에 올라설 것이라는 기대도 이어지고 있지요. 미국의 투자은행 뱅크오브아메리카는 중국이 미국을 제치고 세계 최대 경제 대국으로 발돋움하는 시점을 2027년에서 2028년 사이로 전망했습니다. 영국 경제경영연구소(CEBR)도 2028년에는 중국이 세계 최고 경제 대국이 될 것이라고 예측했지요.

'투키디데스의 함정(Thucydides Trap)'이라는 말이 있습니다. 투키디데스는 고대 그리스 아테네에 살았던 역사가로, 『펠로폰네소스 전쟁사』를 썼어요. 이 역사책에서 그는 기원전 5세기경 신흥 강국 아테네와 기존 강국 스파르타가 충돌하면서 전쟁을 벌이기까지 했던 과정을 상세히 기록했습니다. 펠로폰네소스 전쟁에서 승리한 쪽은 스파르타였습니다. 하지만 30년 가까이 이어진 전쟁에 너무 많은 국력을 쓴 탓에 스파르타는

—○ 전면전만은 피하고자 했던 존경받는 지도자 페리클레스의 죽음 이후, 아테
네 시민들은 시칠리아를 정복하고자 하는 열망을 높였다.

결국 쇠퇴했고, 마케도니아에 의해 멸망하고 말지요. 바로 여
기서 투키디데스의 함정이라는 말이 나왔습니다. 기존 강대국
과 신흥 강대국이 서로 갈등을 벌일 수는 있지만, 이를 슬기
롭게 극복하지 못하면 둘 다 망하는 길을 걸을 수밖에 없다는
뜻이지요.

이 용어는 2012년 그레이엄 앨리슨(Graham Allison) 하버드
대학교 케네디스쿨 교수가 영국의 경제 전문지 〈파이낸셜 타
임스〉에 사용하면서 널리 알려지기 시작했습니다. 앨리슨 교
수는 저서 『예정된 전쟁』에서 실제 역사적으로 투키디데스의

함정에 해당하는 사례가 열여섯 차례나 있었고, 그중 열두 사건이 실제 충돌로 이어졌다고 말했어요.

17세기 해상 교역 강국 네덜란드에 도전했던 영국, 19세기 말 일본이 기존 강대국이었던 중국과 러시아를 상대로 벌인 전쟁, 1916년 독일이 해상을 장악하고 있던 영국에 대항해 일어난 유틀란트 해전, 1941년 신흥 강국 일본의 미국 진주만 공격 등이 대표적인 사례들이지요. 1914년부터 1918년까지 일어난 1차 세계 대전, 1939년부터 1945년까지 이어진 2차 세계 대전도 '투키디데스의 함정'에 빠져 벌어진 전쟁이라는 것입니다.

'미중' 고래 싸움에 '한국' 새우 등 터질 수 없지!

반면 갈등이 전쟁으로 이어지지 않았던 경우도 있습니다. 15세기 말 경쟁을 벌였던 포르투갈과 에스파냐, 20세기 초 대영제국에 맞섰던 미국, 1940년대부터 1980년대까지의 미국과 소련 등은 '투키디데스의 함정'을 피한 경우입니다. 앨리슨 교수는 15세기 에스파냐와 포르투갈이 교황이라는 중재자를 통해 대결을 피했고, 20세기 초 영국과 미국에서는 지도자가 현명한 리더십을 발휘해 자국의 이익을 지키면서도 상대방의 요구를 수용하는 판단을 내렸다고 분석했어요. 또 20세기 중반에 미국과 소련은 치열한 이념 갈등을 벌였지만, 정면으로 무력 충돌하지는 않았습니다.

그렇다면 미국과 중국은 과연 '투키디데스의 함정'을 피할 수 있을까요? 갈등을 해소하기 위한 대화가 계속되고 있고, 최악의 국면만큼은 피해야 한다는 공감대가 주를 이루는 상황에서 가능성은 있습니다. 하지만 분명한 것은 그 과정이 쉽지는 않으며, 당분간 두 나라에 '총탄 없는 전쟁'이 더 치열해질 것이라는 점입니다. 국제 사회를 내 편과 네 편으로 갈라 줄 세우기를 할 가능성도 매우 높고요.

우리나라는 과연 어떻게 해야 할까요? 중국과 미국은 우리나라 수출과 수입에서 각각 1, 2위를 차지하는 양대 교역국일 뿐만 아니라 한반도 평화 유지를 위해서도 아주 중요한 국가들입니다. 속담을 빌어 두 나라 사이에 놓인 한국을 '고래 싸움에 낀 새우'라고 표현했지만, 우리나라는 결코 만만한 국가가 아니지요. 세계 10위 경제 국가이며, 세계적인 한류 열풍을 일으키는 문화 수출 강국이기도 합니다. 어느 한쪽 나라에 줄을 서는 것이 아니라, 정확한 판단력과 실력으로 어려운 상황을 극복해 나갈 수 있는 저력을 가진 국가라는 말입니다.

앨리슨 교수는 이렇게 말합니다.

"과거의 성공과 실패로부터 제대로 배우기만 한다면, 전쟁을 치르지 않고 모두의 핵심 이익을 충족시킬 수 있는 전략적 단초를 충분히 찾아낼 수 있습니다."

미중 정상, 첫 화상 회담에서 팽팽한 신경전

2021년 11월 16일 조 바이든 대통령과 시진핑 국가주석이 화상으로 정상 회담을 가졌다. 그러나 실제로는 자국의 입장을 굽히지 않는 신경전을 벌였다. 무역 갈등과 관련해서도 큰 성과가 없었는데, 백악관 관계자는 중국의 '1단계 무역 협정' 이행이 중요하다고 전했다. 중국이 2년간 최소 2천억 달러 이상의 미국산 제품과 서비스를 구매해야 하는 것이다. 협정은 2021년 12월에 종료됐는데, 미국산 제품의 중국 구매액은 목표치의 59퍼센트에 머물렀다.

중국과 러시아만 빼놓은 첫 민주주의 정상 회의

2021년 12월 미국이 화상으로 개최하는 민주주의 정상 회의를 열었다. 초청국은 100여 국가가 되는데 한국도 물론 포함됐다. 그런데 중국과 러시아는 초청되지 않았고 대만은 초청됐다. 이 회의는 전 세계 민주주의 국가를 규합해 권위주의 체제에 맞서겠다는 취지와 중국과 러시아의 세력 확장에 맞서 다른 국가들과 동맹하며 파트너십을 맺고 자국의 리더십을 강화하려는 목적으로 분석된다. 〈워싱턴 포스트〉는 "어떤 국가가 초청되든 중국의 경제·정치·군사적 영향력 확산에 맞서는 민주 정부에 관한 내용으로 진행될 것"이라고 전했다.

중국의 군사력에 대한 경고

2021년 11월 미중경제안보검토위원회는 중국군이 대만 침공 능력을 갖추고 있으며, 공격을 위해 새로운 미사일과 수륙 양용함을 증강하고 있다고 보고했다. 또 중국이 핵무장을 강화해서 핵전쟁의 위험이 높아졌을 뿐만 아니라 2만 5000여 명의 군대로 대만에 사이버 공격, 미사일 공격, 봉쇄 등을 시도할 수 있다고 지적했다.

미국이 무역 문제로 중국을 견제하는 게 옳을까?

○ 찬성 ○

1. 중국 때문에 미국이 피해를 보고 있다

중국은 미국을 비롯해 세계 각국의 지적재산권을 침해하고, 자국 내 해외 기업에는 기술 이전을 강요하고 있다. 비판받아야 마땅한 행위이다.

2. 중국이 세계 최강국을 노리고 있다

높은 관세와 다양한 제재를 동원해서라도 중국을 견제하지 않으면 중국은 계속 몸집을 키워 미국을 넘어선 세계 최강 대국을 노릴 것이다.

3. 한국은 미국 편을 들어야 한다

미국과 중국이 싸운다면 현실적으로 한국은 어느 한쪽 편에 설 수밖에 없다. 국제 관계를 위해서라도 미국과 손을 잡아야 하지 않을까.

그래, 중국은 불공정한 무역 관행으로 국제 질서를 깨뜨리고 있어.

128

아니야, 무역 전쟁은 다 같이 죽는 길, 무슨 일이 있어도 피해야 해.

✖ 반대 ✖

1. 무역 시장은 자유로워야 한다

자유롭고 개방적인 국제 무역 질서를 방해하는 건 오히려 미국이 아닐까. 중국이 빠르게 성장하는 모습에 미리 견제부터 하고 보는 건 국제 사회에서도 좋은 태도가 아니다.

2. 미국의 보복성 태도는 옳지 않다

무역 전쟁으로 미국과 중국은 물론 한국 등 전 세계가 피해를 보고 있다. 아무리 힘들어도 관세와 제재, 맞대응보다는 협상 위주로 갈등을 풀어야 한다.

3. 한국은 중립을 지켜야 한다

강대국들 싸움에 우리나라가 휘말리는 건 안전한 길이 아니다. 이럴 때일수록 자생할 길을 찾아야 한다.

5

통합과 분리

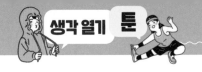

자, 다음 체육 대회 때
옆 반과 함께 팀을 짤지 정하자.
모두 어떻게 생각해?

물어 뭐 해?
체육 대회의 꽃은 '협력'이지.
백지장도 맞들면 낫다잖아?

아니, 종이 한 장을
굳이 뭐 하러 같이 들어?
사공이 많으면
배가 산으로 간다는 말 몰라?

육상부 에이스인 내가 이 반에
있으니, 옆 반이야 좋겠지.
우리만 손해야.

그걸 모르는군.
옆 반엔 아이돌 연습생이 있다는 사실!
걔만 있으면 응원 점수는
따 놓은 당상이라고.

일단 우리 반부터
통합이 시급하군….

영국이 쏘아 올린 신호탄

영국과 프랑스 사이에는 폭이 좁은 바다가 있습니다. 이곳을 '영불 해협'이라고 부릅니다. '불'은 프랑스의 한자어인 불란서(佛蘭西)에서 따왔어요. 두 나라 사이 가장 가까운 지점을 도버 해협이라고 부릅니다. 영국 쪽에 있는 도버시와 바다 건너 맞은편 프랑스 쪽에 있는 칼레시를 연결하지요.

2021년 11월 영불 해협에서 27구의 시신이 떠오르는 대참사가 벌어졌습니다. 영국으로 밀입국하려는 난민들이 타고 있던 작은 고무보트가 전복되면서 목숨을 잃게 된 것이지요. 희생자들은 대부분 시리아, 이라크 등에서 탈출해 유럽으로 건

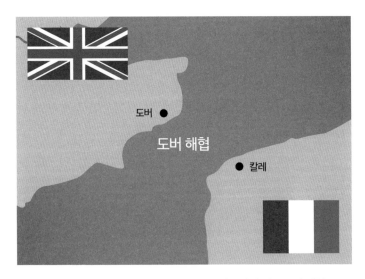

—o 영불 해협 중 32킬로미터로 폭이 좁고, 24미터로 가장 낮은 도버 해협.

너온 난민들이었는데, 이 중에는 임신한 여성과 어린아이도
포함되어 있었습니다.

내전으로 혼란한 고국을 떠나 유럽으로 건너온 난민들은
왜 목숨을 걸면서까지 영국행을 선택했을까요? 독일어나 프
랑스어 등을 사용하는 유럽의 국가들보다는 영어를 쓰는 영
국이 비교적 적응하기 수월한 데다가, 불법 체류 노동자들에
대한 규제가 상대적으로 느슨해 한번 들어가기만 하면 돈을

벌면서 생활할 수 있다는 기대 때문입니다. 영불 해협에서 수십 명의 난민이 한꺼번에 목숨을 잃는 것은 매우 이례적인 일이지만, 이전에도 안타까운 사고가 종종 일어나곤 했습니다. 게다가 영국이 유럽연합(EU)으로부터 탈퇴하면서 상황이 더 복잡해졌지요.

브렉시트(Brexit)라는 말을 들어 본 적이 있나요? 영국을 뜻하는 브리튼(Britain)과 출구를 뜻하는 엑시트(Exit)를 합쳐 만든 합성어인데요. 2016년 6월 영국은 국민투표를 실시해 EU를 탈퇴하기로 결정했습니다. 이에 대한 반발도 적지 않았답니다. 1967년 EU의 전신인 유럽경제공동체(EEC)에 가입한 지 약 반세기 만의 일이었지요.

2021년 1월 1일부터 브렉시트는 정식으로 발효됐습니다. 브렉시트 이후 영국은 난민을 포함해 외국인의 입국과 관련한 기준을 강화했습니다. 그럼에도 불법으로라도 영국에 밀입하려는 시도는 이어졌고, 이를 이용해 돈을 벌려는 밀항 브로커도 기승을 부렸지요. 영국 언론 보도에 따르면, 2021년에만 2만 5700명이 작은 보트를 타고 영불 해협을 건너는 위험천만한 도박을 벌였는데, 이는 전년에 비해 세 배가 넘는 규모라고 합니다.

—○ EU 탈퇴 법안이 의회에 상정되자 런던 웨스트민스터에서 열린 브렉시트 반대 집회.

문제는 영국과 프랑스 모두 난민 사태 대처에 소극적이라는 것입니다. 브렉시트 때문에 두 나라 간의 사이가 예전보다 멀어지다 보니 서로 손발을 맞춰 적극적으로 대처하기 어렵다는 점도 상황을 악화시켰습니다.

　영국과 프랑스는 어업권을 둘러싸고도 충돌하고 있습니다. 영국이 브렉시트 이후 영불 해협에서 외국 어선들의 어업권을 크게 제한했기 때문이지요. 어업권은 매우 민감한 이슈여서 영국 정부와 EU 간의 브렉시트 협상 과정에서도 최대 쟁점이었습니다.

배타적 경제 수역
한 나라의 경제적 주권이 미치는 바다의 범위(370여 킬로미터)를 말한다.

　영국 정부는 브렉시트가 발효된 이후에도 영불 해협에 있는 영국령 저지섬 인근 배타적 경제 수역(EEZ) 등 영국에 속한 바다에서 EU 회원국 어선들이 물고기를 잡을 수 있도록 해 주겠다고 약속했습니다. 갈등은 영국이 돌연 외국 선박의 어업권을 대폭 축소하면서 시작됐습니다. 영불 해협에서 평생 물고기를 잡으면서 생계를 이어 왔던 프랑스 어민들이 생활의 터전을 한순간에 잃고 말았지요.

　프랑스 정부는 영국이 EU 회원국들의 어획량 쿼터를 인정하기로 한 브렉시트 합의안을 어겼다고 강력히 항의하면서 영국 어선의 프랑스 항구 정박 금지와 국경 지역에서 영국 상품 검역을 강화했어요. 일종의 보복이었던 셈이죠. 저지섬에 대한 전기 공급을 제한하거나 비용 인상을 하겠다고 위협하기도 했어요. 저지섬은 영국 영토이지만 프랑스와 가까워서 전력 사용량의 95퍼센트를 프랑스로부터 공급받고 있습니다. 그러자 영국 정부는 저지섬을 보호한다면서 무장한 해군 함정들을 파견했고, 프랑스도 순찰선 두 척으로 맞대응했습니다. 자칫하다가는 두 나라가 무력 충돌할 수 있는 일촉즉발의 상황이었지요.

이 두 사례에서 보듯이 브렉시트는 영국과 프랑스 관계는 물론이고 유럽의 통합과 협력에 위기를 초래하고 있습니다. 영국처럼 일부 회원국들은 EU를 탈퇴하려는 움직임을 보이고 있어요. 대표적으로 심각한 경제 위기를 겪었던 그리스가 자국의 경제 독립권을 억압한다는 이유로 EU 탈퇴를 주장한 적이 있습니다. 이런 움직임을 '그리스'와 '엑시트'의 합성어인 '그렉시트(Grexit)'라고 부릅니다. '폴란드'와 '엑시트'를 합친 '폴렉시트(Polexit)'도 있습니다. 폴란드 정부는 EU 회원국들이 반드시 지켜야 하는 삼권 분립과 법치주의를 지키지 않았다는 이유로 EU와 갈등을 빚어 왔습니다. EU가 폴란드를 제재하려고 하자, 폴란드 국민 일부가 이참에 EU를 탈퇴해 버리자는 캠페인을 벌였습니다. 이탈리아에서도 비슷한 목소리가 나오고 있어서 '이탈렉시트(Italexit)'라는 말이 생겼어요. 아직은 국민 대다수의 지지를 받지 못하고 있다고 하지만 앞으로 상황이 어떻게 진행될지 주목해 봐야 힙니다.

—○ 벨기에 브뤼셀에 위치한 EU 본부.

전쟁과 폐허 속에 탄생한
유럽 통합

"백지장도 맞들면 낫다."라는 속담이 있습니다. 백지장은 흰 종잇장을 말하는데, 어떤 일을 할 때 힘을 합치면 훨씬 수월하다는 의미죠. 통합과 화합에 관한 정서는 서양 등 다른 문화권에서도 어렵지 않게 찾을 수 있습니다.

지역 및 경제 통합의 가장 성공적인 사례로 꼽히는 EU는 '백지장 맞들기' 정신에서 시작됐습니다. 그 배경에는 2차 세계 대전(1939~1945)이 있었지요. 1차 세계 대전(1914~1918)에 이어 또다시 일어난 전쟁의 참화로 엄청난 피해와 고통을 겪게 되자, 유럽에서는 각국이 서로 싸우지 말고 협력해 경제를 되살려야 한다는 인식이 강해졌습니다. 그 결과 1949년 유럽이사회(Council of Europe)가 최초의 범유럽적 기관으로 설립됐고, 1951년 유럽석탄철강공동체(European Coal and Steel Community)가 출범했습니다. 1958년에는 유럽의 경제 통합 조직인 EEC(European Economic Community)가 설립됐고, 유럽공동체(EC)를 거쳐 오늘날의 EU로 발전하게 됩니다.

1995년엔 EU 회원국 간의 국경을 사실상 없애는 솅겐 조약이 발효되어 여권 없이 사람의 왕래가 자유로워졌고 물자의 이동도 자연스레 활발해졌습니다. 2002년 1월부터 단일 화폐인 유로화가 정식으로 사용되기 시작했지요. 2009년에는 EU를 단순히 경제 협력만이 아닌 정치·외교·안보 협력체로 만들기 위해 리스본 조약이 발효됐습니다. 이 조약은 EU의 새로운 이념과 조직을 규정해 놓고 있어서 'EU 헌법'으로도 불립니다. 2007년부터 2008년까지 미국 금융 시장에서 시작되어 전 세계로 확산됐던 경제난은 물론 테러와 같은 안보 위기, 지구 온난화 같은 기후 위기 등 각종 문제에 보다 효과적으로 대응하기 위해 EU 회원국 간 통합을 강화해야 할 필요를 느꼈기 때문이었지요.

EU 회원국은 독일, 프랑스, 이탈리아, 벨기에, 네덜란드, 룩셈부르크, 아일랜드, 덴마크, 그리스, 포르투갈, 스페인, 오스트리아, 핀란드, 스웨덴, 에스토니아, 라트비아, 리투아니아, 폴란드, 체코, 헝가리, 슬로바키아, 슬로베니아, 몰타, 키프로스, 불가리아, 루마니아, 크로아티아 등 27개국입니다. 스위스와 노르웨이는 비회원국인데, 정부가 가입을 추진했으나 국민들이 반대 의견을 내세워 투표로 부결시켜 버렸지요. EU 회원국이 되면 자국의 정치 경제적 독립성을 침해당할 수 있다는 이유에서였습니다. 두 나라는 EU 대신 아이슬란드, 리히텐슈타인

EU에 가입된 27개 국가들

아이슬란드

노르웨이

스웨덴

핀란드

에스토니아

라트비아

리투아니아

벨라루스

아일랜드

영국

덴마크

네덜란드

벨기에

독일

폴란드

체코

슬로바키아

우크라이나

오스트리아

헝가리

프랑스

스위스

크로아티아

루마니아

이탈리아

보스니아
헤르체고비나

세르비아

몬테네그로

불가리아

마케도니아

알바니아

스페인

포르투갈

이탈리아

터키
그리스

모로코

알제리

튀니지

과 결성한 유럽자유무역연합(EFTA)의 회원국입니다. 스위스를 제외한 3개국은 EU와 협정을 맺어 EU 단일 시장에 대한 완전한 접근권을 누리는 대가로 EU가 정한 규제를 따르고 사람과 물자의 자유로운 이동도 보장해 주고 있어요.

EU 회원국이 되려면 매우 까다로운 절차를 밟아야 합니다. 일정 수준의 경제력을 가져야 하고 자유 시장주의, 민주 정치 제도, 법치주의, 인권주의 등의 조건에도 부합해야 하지요. 물론 탈퇴도 가능합니다. 리스본 조약 50조에는 "회원국은 헌법적 요건에 따라 EU 탈퇴를 결정할 수 있다."라고 명시되어 있어요. 그러나 EU 출범 이후 탈퇴한 국가는 현재까지 영국이 유일합니다. 덴마크령 그린란드가 1979년 자치권을 얻어 낸 이후 1982년에 EU의 전신인 EC를 탈퇴한 적은 있어요.

유로화 사용국은 독일, 프랑스, 이탈리아, 아일랜드, 오스트리아, 스페인, 포르투갈, 그리스, 네덜란드, 라트비아, 룩셈부르크, 리투아니아, 몰타, 벨기에, 슬로바키아, 슬로베니아, 에스토니아, 키프로스, 핀란드입니다. 이들을 통틀어서 유로존이라고 부릅니다. EU 회원국 27개국 중 유로화를 쓰지 않는 8개국(덴마크, 스웨덴, 불가리아, 크로아티아, 루마니아, 체코, 헝가리, 폴란드)을 제외한 19개 국가들이죠.

EU를 모델 삼아 세계 곳곳에서 지역 및 경제 통합을 꾀하는 움직임이 이어졌습니다. 1967년 설립된 동남아시아국가연합(ASEAN)이 대표적인 예입니다. 동남아시아 국가들의 정치·경제·문화 공동체인 ASEAN의 회원국은 인도네시아, 말레이시아, 베트남, 필리핀, 싱가포르, 태국, 브루나이, 라오스, 미얀마, 캄보디아 등 10개국입니다. 북미 지역에는 미국, 캐나다, 멕시코가 북미자유무역협정(NAFTA)을 체결해 만든 자유 무역 지대가 있고, 중남미 지역에는 멕시코, 콜롬비아, 페루, 칠레로 구성된 태평양동맹(PA)과 브라질, 아르헨티나, 베네수엘라, 파라과이, 우루과이가 참여하는 남미공동시장(MERCOSUR)이 있습니다. PA는 싱가포르를 첫 준회원국으로 받아들였으며 한국도 논의 중에 있지요. 중동에는 걸프아랍국협력회의(GCC)가, 아프리카에는 55개국이 참여하는 아프리카연합(AU)이 있어요. 대륙 간 조직으로는 한국도 참여하고 있는 아시아태평양경제협력체(APEC)가 있습니다. 하지만 이들 조직 중 EU처럼 공동 화폐로 시장을 통합하고 국경을 없애 사람과 물자의 이동을 보장하며, 정치 및 외교 안보의 통합까지 이루어 낸 곳은 없습니다.

—◦ 영국이 EU를 탈퇴하도록 캠페인과 로비를 벌인 브렉시트 지지 단체.

영국은 왜
브렉시트를 택했을까?

2차 세계 대전이 끝나고 40여 년 동안 국제 사회에서 나타난 주요 흐름이 '통합'이었다면, 20세기 말부터는 '분리'가 화두가 되었습니다. 전쟁 직후에는 경제 발전과 냉전기 안보를 위해 국가 간의 '협력'이 효과적이었지요. 하지만 1989년 독일의 베를린 장벽 붕괴와 1991년 소련의 해체 이후 폭발적으로 터져 나온 독립과 자주권에 대한 갈망 그리고 글로벌 경제 위

─○ 유로화 지폐와 엘리자베스 2세 여왕이 새겨진 파운드 동전.

기로 인한 자국 경제 우선주의 등으로 세계 곳곳에서 "갈라서
자!"라고 외치는 목소리가 터져 나왔어요. 분리의 원인은 지
역과 국가마다 제각각입니다. 브렉시트처럼 경제 문제가 원인
이 된 경우도 있고, 유고 연방 해체나 스페인의 카탈루냐 분리
독립처럼 오랜 갈등의 역사에서 비롯된 것도 있습니다.

  그렇다면 영국은 왜 EU를 탈퇴했을까요? 본래 영국은 유
럽 통합에 적극적인 국가가 아니었습니다. 역사적으로 영국은
유럽 본토와 힘의 균형을 이루기 위해 많은 노력을 기울여 왔

지요. EU 회원국이면서도 유로화 대신 자국 화폐인 파운드화를 고수했던 것도 그런 이유에서였습니다. 영국 내에서 EU를 탈퇴하자는 목소리가 본격적으로 터져 나온 것은 2015년쯤부터입니다. 유럽 각국의 재정 위기, 대규모 난민 유입 사태 등으로 위기감이 높아지자 EU는 보다 효과적으로 공동 대응하기 위해 '더 긴밀한' 경제 정치 통합을 강력히 추진했어요. 이때 EU에 대한 영국 국민들의 반감이 커졌습니다. 회원국으로서 난민들을 받아들이라는 EU의 요구에도 영국은 반발했습니다. 이민자 복지 비용에 세금이 쓰이고, 내국인 고용이 악화되는 등 여러 가지 문제가 발생할 수 있다는 이유에서였지요. 영국이 EU에 내는 분담금도 불만의 원인이 됐습니다. EU 회원국들은 각국의 경제력에 따라 분담금을 내야 하는데, 영국의 분담금은 2015년도에 178억 파운드로 독일 다음으로 많았어요.

물론 회원국들은 분담금만 내는 게 아니라 지원금도 받습니다. 영국은 EU로부터 한 해에 약 60억 파운드의 지원금을 받았습니다. 하지만 영국 국민 입장에서 이런 지원금 액수는 못마땅한 규모였지요. EU에 많은 돈을 내는데도 정작 돌아오는 혜택은 적은 데다 항상 이래라저래라 참견만 받는다는 생각에 불만이 폭발했습니다. 2016년 영국 국민들은 결국 국민 투표에서 51.89퍼센트의 지지율로 EU 탈퇴를 선택했습니다. 반대 입장인 48.11퍼센트와는 불과 3.78퍼센트포인트 차이였습니다.

EU로부터 독립한 영국 앞에 꽃길만 펼쳐졌을까요? 그렇지는 않습니다. 앞에서 언급한 불법 이민 증가와 어업권 갈등은 물론 갖가지 문제들이 터져 나왔지요. 유럽으로부터 들어오는 수입품뿐만 아니라 노동력도 크게 줄어들면서 영국 곳곳의 슈퍼마켓 판매대가 텅텅 비는 일도 벌어졌습니다. 과일, 채소, 육류, 우유, 치즈 등 유통 기한이 짧은 신선 식품을 제때 배달할 사람이 없어서 대량으로 폐기할 수밖에 없을 정도였어요. 이런 일들은 결국 소비자 물가 상승으로 이어져 영국 국민에게 고스란히 피해가 돌아갔습니다.

통일이 소원이라고?
대세는 분리야!

서로 다른 역사와 민족, 종교를 가진 국가들이 인위적으로 합쳤다가 갈라선 경우도 있습니다. 유고 연방(유고슬라비아사회주의연방공화국)은 1945년 2차 세계 대전이 끝나고 공산주의 혁

명가인 요시프 브로즈 티토(Josip Broz Tito)가 소련의 지원으로 군주제를 폐지하고 크로아티아, 슬로베니아, 보스니아 헤르체고비나, 마케도니아, 몬테네그로, 세르비아 등 6개 공화국을 통합해 만들었습니다. 그런데 다양한 공동체가 한 국가의 틀 안에 묶여 있다 보니 안에서는 갈등이 쌓이고 쌓이게 됐지요. 베를린 장벽 붕괴를 계기로 1991년 공산권이 붕괴하기 시작하자, 유고 연방을 이루던 각 공화국들이 분리 독립을 선언하며 나섰고, 이 과정에서 내전이 일어나 많은 희생자가 발생했습니다.

친서방
미국 및 유럽 연합 국가와 친교를 맺거나 사회 문화적으로 호감을 보이는 성향을 말한다.

우크라이나 내 크림자치공화국은 2014년 친서방 정부에 맞서 내전을 벌이던 중 러시아에 전격 합병되면서 우크라이나로부터 떨어져 나왔습니다. 주민들이 국민투표를 통해 러시아와의 합병을 찬성하는 형식을 취했지만, 사실은 러시아의 블라디미르 푸틴(Vladimir Putin) 대통령이 우크라이나 내전에 개입해 크림자치공화국을 자국 영토로 만들어 버렸다는 비난이 쏟아졌습니다.

분리 독립의 숙원을 이루지 못한 곳들도 있어요. 2014년 영

──○ 영국(United Kingdom)은 네 개 지역으로 이루어진 연합국이다.

국 스코틀랜드는 분리 독립 여부를 묻는 국민투표를 실시했지만, 반대표가 더 많이 나오는 바람에 뜻을 이루지 못했습니다. 그러나 최근 다시 독립 요구가 커지고 있다고 해요. 스코틀랜드는 영국을 구성하는 네 개 지역(스코틀랜드, 잉글랜드, 북아일랜드, 웨일스) 중 한 곳으로, 자치 의회와 행정부를 가지고 있습니다. 잉글랜드 주민이 앵글로·색슨족인 데 비해, 스코틀랜드는 켈트족으로 구성되어 있습니다. 공식 언어는 영어이지만, 게일어라는 토속어를 가지고 있어요.

스코틀랜드는 잉글랜드와의 오랜 전쟁 끝에 14세기 초 독립을 쟁취한 국가였습니다. 이후 300여 년 동안 주권을 유지해 왔지만, 1603년 잉글랜드의 여왕 엘리자베스 1세가 대를 잇지 못하고 사망하면서 상황이 변화하게 됩니다. 스코틀랜드 스튜어트 왕조의 메리 1세의 아들 제임스 6세가 영국 국왕 제임스 1세로 즉위하면서 두 나라는 연합 국가 형태를 취하게 됐고, 1707년 5월 1일 스코틀랜드는 결국 영국에 완전히 합병되어 오늘에 이르고 있습니다.

스페인 카탈루냐, 독일 바이에른, 이탈리아 북부 지역, 벨기에 플랑드르에서도 분리 독립 주장이 꾸준히 나오고 있습니다. 독립운동은 인종 또는 민족이나 종교적으로 불공평한 대접을 받아 온 소수층이 추구한다는 게 일반적인 생각이지만, 최근에는 한 국가 내에서 경제적으로 잘사는 지역이 분리 독립을 원하는 경향이 뚜렷합니다. 앞서 말한 네 지역이 바로 그런 경우이지요.

프랑스 코르시카섬, 덴마크 페로 제도에도 분리 독립의 움직임이 있습니다. 터키는 쿠르드족의 분리 독립 요구에 골치를 잃고 있습니다. 쿠르드족은 터키의 남동부뿐만 아니라 시리아, 이라크, 이란, 아르메니아에 등에 퍼져 살고 있는 민족이에요. 대부분 수니파 이슬람교도인 쿠르드족은 고유한 언어와 문화를 가졌지만 단 한 번도 자신들만의 국가를 세운 적이 없었지요.

터키 인구의 15퍼센트에서 20퍼센트를 차지하는 쿠르드족은 꾸준히 독립을 요구하면서 때론 폭탄 테러와 폭력 시위를 벌이기도 했습니다. 쿠르디스탄 노동자당(PKK)이라는 정당을 만들어 활동하기도 하는데, 터키 정부는 PKK를 이슬람국가(IS)와 같은 테러 조직으로 규정해 탄압하고 있어요.

러시아는 캅카스 북쪽 지역 공화국들과 갈등하고 있습니다. 이곳에는 체첸을 비롯하여 다게스탄, 잉구세티아, 북오세티야, 카바르디노-발카리아, 카라차예보-체르케시아, 칼미크 등 많은 자치 공화국이 있는데 러시아 중앙 정부와 자치 공화국 간의 잦은 충돌로 많은 사람이 희생됐습니다.

자치 공화국
연방국에 속해 있으면서 자치 국가로 한정된 주권을 가졌으나 국제법상 국가의 지위를 가지지 못하는 나라를 말한다.

미주에서는 캐나다의 '작은 프랑스'라고 불리는 퀘벡주가 분리 독립의 기회를 엿보고 있습니다. 퀘벡은 주민의 80퍼센

트가 프랑스어를 사용하며, 캐나다 주에서는 유일하게 프랑
스어를 공용어로 사용하고 있는 지역이지요. 1980년, 1995년,
2014년에 분리 독립을 주민투표에 부쳤다가 근소한 차이로
부결된 적이 있습니다. 아시아에서도 중국 서부 신장 위구르
자치구, 미얀마 북부 소수민 거주 지역, 인도와 파키스탄이 분
쟁 중인 카슈미르, 필리핀 민다나오섬 등에서 충돌이 늘 이어
지고 있습니다.

투쟁은
계속된다!

흔히 한국을 세계에서 단 하나뿐인 분단국이라고들 합니
다. 맞기도 하고, 틀리기도 한 말이지요. 정확하게 말하자면,
한국은 이념 갈등으로 인해 분단된 세계 유일의 국가입니다.
하나였던 나라가 둘로 갈라진 경우는 한국 말고도 또 있습니
다. 지중해 동부의 섬나라 키프로스공화국은 터키의 남쪽, 시
리아의 서쪽 해상에 위치하며, 유럽·아시아·아프리카 3대륙
을 연결하는 교통의 요충지이기도 합니다. 1960년 영국에서
독립했고 그리스계와 터키계 주민들이 서로 싸우면서 1983년
키프로스공화국과 북키프로스터키공화국으로 나뉘었지요. 섬

전 세계 주요 분리 독립 갈등

국가	갈등 지역
영국	스코틀랜드· 웨일스·북아일랜드
스페인	카탈루냐·바스크
이탈리아	롬바르디아 등 북부 지역
독일	바이에른
덴마크	그린란드·페로 제도
벨기에	플랑드르
러시아	체첸 등 북캅카스
우크라이나	동부 돈바스 지역
조지아	압하지아·남오세티야
터키	남동부 쿠르드족 거주지
캐나다	퀘벡
중국	신장 위구르 자치구· 티베트(시짱) 자치구·대만
미얀마	로힝야족 거주지 라카인 등
인도·파키스탄	카슈미르
필리핀	민다나오
아제르바이잔	나고르노-카라바흐

의 남쪽에 있는 키프로스공화국은 EU와 UN으로부터 독립 국가로 인정받았지만, 북쪽에 있는 북키프로스터키공화국은 터키를 제외하고는 국제 사회의 승인을 받지 못하고 있습니다. 남북한처럼 두 나라 사이에도 휴전선이 있습니다. 통일을 위한 노력이 종종 시도되기는 했지만 아직은 큰 진전이 없는 듯합니다.

아일랜드와 북아일랜드는 외세에 의해 한 민족이 둘로 갈라진 경우입니다. 수 세기 동안 영국의 식민 지배를 받아 온 아일랜드는 1921년 남북으로 분단됐습니다. 북아일랜드는 영국에 남고 남쪽은 독립된 주권 국가인 아일랜드공화국으로 분리된 것이지요. 이후 북아일랜드에서는 영국으로부터 독립하기 위해 무장 투쟁이 벌어졌지만, 1998년 자치권을 인정받은 이후에는 영국과의 관계가 개선되어 비교적 평화로운 상황이 이어지고 있습니다.

중국도 엄밀히 말하면 분단국가라고 할 수 있습니다. 장제스(蔣介石)가 이끌던 국민당 정부가 마오쩌둥(毛澤東)이 이끄는 공산당과의 싸움에서 패배한 후 1949년 타이완섬에 와서 대만(중화민국) 건국을 선언했지요. 같은 해 중국 본토에는 중화인민공화국이 들어섰습니다. 대만은 자신들을 독립국으로 주

—○ 장제스 정부가 공산당과의 싸움에서 패배한 후 건국한 대만(타이완섬).

장하는 반면, 중국은 '하나의 중국'이라는 원칙을 내세우며 대만을 인정하지 않고 있어요.

분단됐다가 재통일을 이룬 국가들도 있습니다. 1976년 남북으로 나뉘었던 베트남이 재통일했고, 1990년 동서로 갈라졌던 독일이 다시 합쳐졌습니다. 같은 해, 중동 아라비아반도 남쪽에 있는 예멘은 예멘아랍공화국과 예멘인민민주공화국으로 갈라졌다가 재통일했어요.

인류의 역사는 통합과 분리가 반복되어 온 과정이라 해도 과언이 아닙니다. 어려움을 극복하기 위해 서로 협력해 몸집을 키웠다가 다시 갈라지고, 난세가 닥치면 또다시 힘을 합치는 일이 반복됐지요. 21세기인 현재도 세계 곳곳에서는 통합과 분리를 둘러싼 논쟁과 갈등이 이어지고 있습니다.

앞으로 여러분이 살아갈 세상에는 또 어떤 일들이 벌어질까요? 우리는 통합과 독립을 어떻게 바라봐야 할까요?

놓치지 마요

통합과 분리 핫&이슈

브렉시트로 인한 무역 손실, 이득보다 더 많다!

영국 예산책임청(OBR)은 2021년 무역 관련 보고서에서 브렉시트로 인한 자국의 막대한 손실을 인정했다. 브렉시트 이후 체결된 개별 무역 협정을 합하면 향후 15년간 영국인 1인당 경제적 혜택은 3~7파운드에 불과한데, 1인당 무역 손실은 1250파운드 이상으로 추정된다는 것이다. 야당인 노동당은 "보수당과 보리스 존슨 총리가 영국의 미래를 놓고 벌인 도박에서 패배했다."라고 비난한 반면, 영국 정부는 상황이 개선되고 있다고 반박했다.

영국 베팅 사이트, "이탈리아, EU 탈퇴 확률 높다"

한 베팅 사이트가 이탈리아의 EU 탈퇴 가능성을 3분의 1로 점쳤다. 회원국 중 탈퇴 가능성이 가장 크다고 본 것이다. 실제로 이탈리아에서는 '이탈렉시트'를 공약으로 내건 정당이 출범했으며, 최근 EU에 대한 부정적인 여론이 확산 중이다. 유럽에서 최악의 코로나19 사태를 겪은 것도 EU에 대한 반감을 고조시키는 데 영향을 미쳤다. EU 집행위원회가 이탈리아에 방역·의료 대응 지원을 제대로 하지 않았다는 것이다. 한때 EU에 대한 선호도가 79퍼센트에 달했던 이탈리아 여론은 39퍼센트까지 하락했다.

1500년 만에 부활한 신돌궐 제국에 긴장하는 중국

터키와 카자흐스탄, 아제르바이잔, 우즈베키스탄, 키르기스스탄으로 구성된 '튀르크어사용국기구(OTS)'가 출범해 중국이 긴장하고 있다. 같은 튀르크계인 신장 위구르 지역의 분리 독립 움직임을 부추길 수 있다는 우려 때문이다. 튀르크계 민족의 조상인 돌궐은 한때 광대한 제국을 건설해 중국을 위협했었다. 중국은 OTS가 극단적인 민족주의를 부추기고 민족 간 분쟁을 심화시켜 지역의 안정과 안보를 해칠 수 있다고 비판했다.

다 같이 잘 살기 위해서는
합치는 길만이 최선일까?

○ 찬성 ○

1. 피해를 최소화하기 위해 통합을 유지해야 한다

전쟁이 벌어지면 수많은 사람이 목숨을 잃고 경제 피해도 엄청나다. 국가 간의 갈등을 해소하고 번영을 이루려면 지역 통합이 최선이다.

2. 경제 규모가 커지고 고용이 활발해진다

지역 경제가 통합되면 시장이 확대되고 생산량과 고용이 증가하는 장점이 있다. 무역 규제를 둘러싼 싸움도 크게 줄어들 것이다.

3. 국경을 오갈 수 있는 건 큰 기회다

EU 회원국 국민은 국경을 자유롭게 넘나들면서 살 수 있다니 부러운 일이다. 미래에도 장점을 살려 다양한 일을 할 수 있다.

그래, 경제 발전과 평화를 위해
자국 이기주의를 버려야 해.

160

아니야, 내 나라가 잘 사는 게 먼저!
무조건 희생할 수는 없어.

✖ 반대 ✖

1. 분담금에 비해 혜택이 부족하다

지역 통합을 유지하기 위해 회원국이 감당해야 할 의무도 적지 않다. 많은 분담금을 내는데 되돌려받는 혜택이 적다면 과연 어떤 회원국이 좋아할까?

2. 내 나라와 자국민이 우선이다

독립과 자주권을 지키려는 건 본능이라고 생각한다. 통합을 명분으로 사사건건 간섭하고 희생을 강요받는 건 있을 수 없다.

3. 소수의 국가가 다수의 국가를 어렵게 하기도 한다

지역 경제 통합이 긍정적인 것만은 아니다. 회원국 간 경제 격차로 인해 오히려 다수가 피해를 입을 수 있기 때문이다. 그리스 재정 위기 때 다른 회원국들이 고생한 사례를 살펴봐야 한다.

6

코로나팬데믹

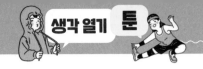

내 버킷 리스트는 아프리카 탐험!
초원의 사자와 코끼리, 기린까지
보고 말 거야!

나도 의사가 되면
아프리카로 의료 봉사를
떠날 거야.
어쨌든 백신 접종을 잊지 마.

백신 접종이라니?
코로나19 백신도 이미 맞았잖아.

아프리카에 가려면
풍토병 예방주사를 맞아야 한다고.

감염병 vs. 세계 보건

'오미크론' 때문에 전 세계가 발칵 뒤집혔던 일 기억나지요? 2019년에 시작된 코로나19 바이러스(COVID-19)의 열세 번째 변이가 바로 '오미크론'입니다. 세계보건기구(WHO)는 그리스 알파벳 순서에 따라 코로나19 변이 바이러스의 이름을 붙였는데, 바이러스가 처음 발견된 국가나 지역의 이름으로 사용하면 불필요한 선입견이나 편견을 불러일으킬 수 있기 때문이었지요.

사실 오미크론은 그리스 알파벳 순서에서 열다섯 번째예요. 열세 번째는 '뉴'인데 영어 단어 '뉴(New)'와 발음이 같아

─○ 미 대륙에 도착한 크리스토퍼 콜럼버스.

혼동하기 쉬워 건너뛰었고, 열네 번째 '크시'도 중국에서 많이 쓰는 성씨의 영어 표기(Xi)와 같아 제외했다고 해요. 그래서 어떤 사람들은 WHO가 중국 지도자 시진핑의 눈치를 본 게 아니냐고 의문을 제기하기도 했어요.

아프리카 보츠와나에서 처음 발견된 오미크론은 인도에서 발견되어 전 세계로 확산됐던 네 번째 변이 '델타'보다 전염성이 훨씬 더 강한 데다가, 기존 코로나19 백신으로는 예방하기 어려울 수도 있어서 공포를 불러일으켰습니다. 많은 나라가 아프리카에서 들어오는 항공편을 중단시켰고, 그 바람에 아프리카를 방문하고 고국으로 돌아가려던 많은 사람이 공항에서 발을 동동 굴러야 했지요.

코로나19는 제2형 중증급성호흡기증후군 코로나 바이러스(SARS-CoV-2, 사스)가 일으키는 질병입니다. 2019년부터 시작된 전 세계적인 바이러스 감염증은 유례없는 일이었지만, 코로나 바이러스 자체는 수백 종류에 달합니다. 사스는 물론이고 중동호흡기증후군(MERS-CoV, 메르스)도 같은 코로나 계열이지요.

어떤 코로나 바이러스는 사람들에게 감기와 비슷한 질환을 일으키고, 다른 종류는 소, 낙타, 박쥐 같은 특정 동물에게 질병을 유발합니다. 개나 고양이 등 동물만 감염시키고 인간은 감염시키지 않는 코로나 바이러스도 있어요. 코로나19와 사스, 메르스의 감염 통로는 같습니다. 모두 호흡기로 감염되며 환자와 가까이 접촉하거나 분비액으로 전염될 수 있습니다.

코로나19 사태는 아이러니하게도 세계가 얼마나 좁은지를 실감하는 계기가 됐습니다. 지구의 한곳에서 일어난 질병이 순식간에 퍼졌고, 그로 인해 전 세계 대부분의 사람이 똑같이 고통을 받고 일상에서 큰 변화를 겪었지요. 과거에도 전염병이 퍼진 적은 있었으나 코로나19 때처럼 전 세계가 동시에 같은 병에 걸린 적은 없었습니다.

코로나19가 빠르게 확산된 이유는 무엇일까요? 이런 일이 벌어진 건 높은 전파력 때문입니다. 사실 코로나19의 치명률은 사스나 메르스에 비해서는 낮습니다. 그러나 전염력은 더 큰 것으로 알려져 있어요. 코로나19가 확산된 이후 상당 기간 백신이나 치료제가 없었고, 코로나 바이러스 특성상 변이가 쉽게 일어나서 백신을 만들어 내도 큰 효과를 보기 어려울 수

있다는 점 등 때문에 우려와 공포감이 컸습니다.

두 번째 이유는 세계화로 인해 폭발적으로 늘어난 물자와 사람의 이동이에요. 14세기 중국에서 발생한 페스트(흑사병)균이 배를 통해 이탈리아로 옮겨지는 데는 10년이 훨씬 넘게 걸렸다고 합니다. 당시엔 한 대륙에서 또 다른 대륙으로 가려면 걷거나 말, 마차를 타야 했고, 바다를 건널 수 있는 교통수단은 배뿐이었으니까요. 이탈리아에 도착한 페스트균이 유럽 전역으로 확산되기까지는 또 5년 이상이 걸렸다고 해요.

반면, 21세기에는 국경을 넘어서는 교류가 활발해지고 일상적인 일이 되었어요. 불과 몇십 년 전과 비교해도 비행기를 타고 해외여행을 하는 사람들이 급증했지요. 그래서 어느 한 지역에서 발생한 감염병에 노출될 기회가 훨씬 더 많아졌고, 쉽게 다른 사람들에게 전파할 수 있게 된 것입니다.

역사를 바꾼 전염병들

전염병의 확산은 인류의 역사를 바꿔 놓기도 합니다. 대표적인 예가 앞에서 보았듯이 14세기 유럽에서 창궐했던 흑사병이지요. 지역에 따라서 전체 인구의 절반 가까이가 흑사병으로 사망하기도 했습니다. 프랑스의 경우는 흑사병으로 잃어버린 인구수를 400여 년이 지나서야 겨우 회복할 수 있었다고 해요. 당시에도 전례 없던 이 대공포는 유럽 경제 및 사회 구조에 중요한 영향을 미쳤어요. 우선 노동력이 귀해지면서 농노제가 급격히 와해됐습니다.

농노제는 중세 유럽에서 농민이 영주의 토지에 예속되어 일하며 각종 세금 및 부역의 의무를 다해야 했던 제도를 말합니다. 그런데 흑사병 때문에 일할 사람이 턱없이 부족해지다 보니 노동력을 가진 농민들의 위상이 올라가고 영주의 입지는 취약해졌어요. 높아진 임금 덕분에 돈을 번 사람들이 늘어나면서 부동산 소유가 활발해졌고 중산층이 등장하게 됐습니다.

학자들은 이런 변화가 서유럽을 보다 근대적이고 상업화된 현금 기반의 경제로 이끈 것으로 봅니다. 한편, 흑사병이 유럽의 제국주의를 가속화했다는 주장도 있습니다. 사망률이 높은 전염병이 유럽 대륙에서 창궐하자 사람들은 장거리 항해에 나섰고, 이것이 유럽의 식민주의 팽창을 부추겼다는 것이지요.

미국의 저명한 학자이자 저술가인 재러드 다이아몬드(Jared Diamond)는 책 『총, 균, 쇠』에서 역사상 가장 무시무시한 전염

좌 1897년 멕시코 유카탄반도에서의 발병을 묘사한 그림에는 천연두가 해골로 표현되어 있다.

우 1972년 유고슬라비아에서는 170명이 넘는 사람이 천연두에 감염되었다.

병으로 1492년 크리스토퍼 콜럼버스의 항해와 함께 시작된 중남미의 천연두 전파를 꼽았습니다. 바다 건너 유럽인들이 옮긴 천연두로 중남미 원주민들이 대거 목숨을 잃었고, 결국 유럽에 정복당하고 말았기 때문이지요.

유럽인들이 중남미에 들어오기 전 현지인은 약 6000만 명이었던 것으로 추정됩니다. 그러나 식민화됐을 때 인구가 500만~600만 명으로 줄었을 정도로 천연두는 강력했어요. 유럽인들은 천연두에 대한 내성이 있었지만, 중남미 원주민들은 내성이 없어 속수무책으로 당할 수밖에 없었지요. 영국의 호주 이주 초기에도 원주민의 50퍼센트 이상이 천연두로 사망했다는 기록이 있습니다. 뉴질랜드의 마오리족 역시 같은 피해를 입었어요. 이후로도 세계 곳곳에서 많은 사람의 목숨을 앗아 간 천연두는 현재 지구상에서 사라진 상태입니다. WHO는 1980년 천연두가 종식됐다고 공식 선언했지요.

1918년부터 1920년까지 유럽과 미주, 아시아 등을 강타한 스페인 독감은 20세기 현대사에 기록된 최악의 전염병으로 꼽힙니다. 1차 세계 대전의 사망자가 2050만~2200만 명 정도인데, 스페인 독감 사망자는 무려 5000만~1억 명에 달하는 것으로 추정되니까요. 인구 비례 기준으로는 14세기 유럽을 강타한 흑사병이 역사상 최악의 전염병이라 할 수 있겠지만, 절대적인 사망자 수 기준으로는 스페인 독감이 전무후무하지요. 스페인 독감으로 인해 당시 전 세계는 막대한 피해를 입었어요. 하지만 공중 보건의 중요성이 부각되면서 관련 연구와 의학 기술 발전이 이루어졌고, 예방 접종이 자리 잡는 계기가 되기도 했습니다.

21세기에 들어서도 전염병이 여러 차례 지구촌을 흔들었어요. 2002년부터 2003년까지 중국, 한국, 캐나다 등 30여 개국에 퍼진 사스는 9.6퍼센트의 높은 치사율로 774명의 목숨을 앗아 갔습니다. 2009년부터 2010년까지는 신종 인플루엔자 A(신종 플루)로 약 1만 5000명이 사망한 것으로 추정하는데, 최대 20만 명이라는 의견도 있습니다. 2015년 한국 등 세계 곳곳에서 발생한 메르스 사태 때는 약 900명이 사망했습니다.

세계 보건 사령탑, WHO는 무얼 하나요?

코로나19 관련 뉴스에서 빠지지 않고 등장하는 국제기구가 있습니다. 바로 WHO입니다. WHO는 유엔이 운영하는 15개 전문 기구 중 한 곳으로 전 세계 보건을 책임지고 있습니다. 보건 비상사태에 대응하는 것은 물론이고 보건 시스템, 보건 복지 등을 위한 일들을 하지요.

WHO의 역사는 1945년으로 거슬러 올라갑니다. 당시 유엔 회원국 외교관들이 한자리에 모여 국제적 보건 조직 창립에 대한 논의를 시작했어요. 그 결과 1948년 4월 7일 WHO 창설 목적을 설명한 세계 보건 헌장이 공식적으로 발효됐습니다. 현재 WHO 회원국은 한국을 비롯해 194개국이에요. 본부는 스위스 제네바에 있으며, 현재 사무총장은 에티오피아 출신입니다.

한국인이 WHO를 이끈 적도 있어요. 2003년부터 2006년까지 6대 사무총장을 지냈던 고 이종욱 박사는 총장 재임기를 포함해 총 23년 동안 WHO에서 전 세계의 보건 증진을 위해 힘썼어요. 2006년 세계 보건 총회를 준비하던 중 뇌출혈로 갑자기 세상을 떠난 그는 소아마비 백신 등의 보급에 기여하고 보건 위기에 신속하게 대응할 수 있는 시스템을 구축한 인물로 높이 평가받습니다.

WHO는 2020년 3월 11일에 코로나19 팬데믹(Pandemic, 세계적 대유행)을 선언했습니다. 언론을 통해 코로나19가 팬데믹으로 특징 지어질 수 있다는 평가를 공식적으로 발표한 것입니다. 이때 '팬데믹'이라는 단어를 무분별하게 사용하면 "비이성적인 공포를 불러일으키거나, 질병과의 싸움에서 패배한다는 정당하지 못한 인정을 통해 불필요한 고통과 죽음을 초래할 수 있다."라고도 경고했어요. WHO에 따르면, 코로나19 이전에 팬데믹이 선언된 사례는 2009년 신종플루 사태뿐이었습니다.

사실 '팬데믹'은 WHO가 공식적으로 사용하는 용어는 아닙니다. 현 사무총장이 코로나19의 심각한 상황을 설명하는 과정에서 이 단어를 사용했던 게 사실상 '선언'으로 받아들여진 것이죠. 당시 WHO 대변인은 사무총장의 '팬데믹' 언급에 대해 "현재 전 세계에 코로나19가 유행하고 있는 상황과 특성상 팬데믹에 가깝다고 말한 것"뿐이라고 설명했어요.

'에피데믹(Epidemic)'과 '엔데믹(Endemic)'이라는 용어도 있습니다. 에피데믹을 우리말로 풀어 쓰면 '감염병 유행'입니다. '감염병의 세계적 대유행'을 의미하는 6단계 경보보다 낮은 4단계에서 5단계까지의 경보를 가리키지요. '엔데믹'은 특정 지역 내에서 주로 나타나는 풍토병의 유행을 말하는데, WHO의 6단계 경보에 포함되지는 않습니다. 아프리카, 동남아시아, 남미 등에서 발생하는 말라리아, 뎅기열 바이러스의 유행이

WHO 전염병 경보 단계

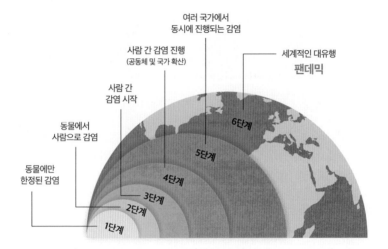

여러 국가에서
동시에 진행되는 감염

세계적인 대유행
팬데믹

6단계

사람 간 감염 진행
(공동체 및 국가 확산)

5단계

사람 간
감염 시작

4단계

동물에서
사람으로 감염

3단계

동물에만
한정된 감염

2단계

1단계

엔데믹의 대표적인 예라고 할 수 있습니다.

WHO는 전염병 경보 단계를 6단계로 나눠 심각성을 평가하고 있는데요. 1단계는 동물에만 한정된 감염, 2단계는 동물에서 사람으로 감염되는 상황, 3단계는 사람 간 감염이 늘어나는 상황을 말합니다. 4단계는 사람 간에 감염이 빠르게 진행되어 한 공동체나 국가 내에서 확산되는 상황을 뜻합니다. 5단계는 해당 감염병이 여러 국가에서 동시에 유행하는 상황, 마지막 최고 단계인 6단계 경보는 세계적으로 대유행하는 상황입니다. 6단계를 바로 팬데믹이라고 하지요.

WHO는 전 세계가 합심해서 대응해야 할 심각한 감염병이 발생하면 '국제 공중 보건 비상사태(PHEIC, Public Health Emergency of International Concern)'를 선포합니다. 2020년 1월 30일에 코로나19를 두고도 비상사태를 선언했지요. 비상사태는 '공중 보건에 미치는 영향이 심각한 경우' '사건이 이례적이거나 예상하지 못한 경우' '국가 간 전파 위험이 큰 경우' '국제 무역이나 교통을 제한할 위험이 큰 경우' 중 두 가지 이상의 조건에 해당될 때 선포할 수 있습니다. 한 가지 상황에만 해당하더라도 위원회가 긴급한 논의 결과 필요하다고 판단되면 위기 상황 선포를 권고할 수 있습니다.

WHO는 코로나19 초기에 많은 비판을 받기도 했습니다. 중국의 눈치를 보느라 상황 파악에 늑장을 부렸고, 그 때문에 신속한 대응을 하지 못했다는 것입니다. 비상사태 선언이 너무 늦어졌다는 지적도 받았고요. 2009년 사스 사태 때는 다국적 제약 회사들의 공포 마케팅에 WHO가 휘둘렸다는 비판도 거셌습니다. 치료제를 만드는 다국적 제약 회사 로슈(Roche)가 막대한 수익을 거두었다는 사실은 이 비판에 더욱 힘을 실었지요. 제약사들의 부추김이 '팬데믹 선언'에 영향을 미쳤다는 비판을 받자 WHO는 결국 제약 회사들의 이윤이 일부 영향을 미쳤다고 인정했습니다.

전염병의 빈부 격차를 막지 못하면?

전염병에도 빈부 격차가 있다는 사실을 알고 있나요? 경제적으로 어려운 상황에서 생활하는 사람은 풍족한 사람에 비해 영양과 위생에 취약해 질병에 걸리기 쉽습니다. 병원 치료를 받기도 쉽지 않지요. 개인뿐만 아니라 국가도 마찬가지입니다. 잘사는 나라는 국민에게 양질의 보건 시스템과 서비스를 제공하고 공중위생을 철저히 관리하기 위해 많은 예산과 인력을 투입합니다. 하지만 가난한 나라는 그렇게 하기 어렵지요.

WHO가 이른바 부자 나라들을 강하게 비난한 적이 있습니다. WHO의 한 고위 관계자는 2021년 10월 전 세계 코로나19 백신의 공급 불평등에 대해 "치욕스러운 일"이라면서, 주요 국가의 지도자들이 이런 문제를 해결하기 위해 적극적으로 나서야 한다고 말했어요. 그는 세계에 백신 불평등 문제를 해결할 수 있는 20여 명이 있음을 강조하며 이들이 백신 공급을 맡은 대기업, 백신을 생산하는 국가, 백신 상당 수를 계약한 국가들을 이끌고 있다고 지적했습니다. 그러면서 부자 나라와 가난한 나라의 백신 접종률 차이가 크나큰 현실에 대해 "우리 모두 부끄러운 줄 알아야 한다."라고 말했지요.

도대체 얼마나 차이가 나길래 이런 말을 했을까요? 국제 통계 사이트 '아워월드인데이터(Our World in Data)'의 코로나19 백신 1차 접종 완료율(2021년 11월 기준)을 보면, 당시 아프리카는 7.15퍼센트에 불과했습니다. 유럽(57.8퍼센트), 남아메리카(56.4퍼센트), 오세아니아(54.6퍼센트), 북아메리카(54.5퍼센트), 아시아(47.8퍼센트)와 비교되지 않을 만큼 낮은 수치입니다. 국가별로 보면 아랍에미리트(90퍼센트), 싱가포르(88퍼센트), 포르

—○ 카슈미르 지역의 경우 낙후된 시설 때문에 바이러스의 피해가 더욱더 컸다.

투갈(87퍼센트) 순으로 접종 완료율이 높고, 한국은 스페인, 브루나이와 함께 80퍼센트를 기록했습니다. 오미크론 변이가 처음 발견된 보츠와나는 20퍼센트에도 미치지 못했습니다. 한편 높은 접종 완료율을 기록한 국가들은 국민을 더 보호하기 위해 백신 추가 접종(부스터 샷)까지 실시했어요.

　전문가들에 따르면, 전 세계적으로 45억 회분의 백신이 접종됐는데 세계은행 분류 기준으로 고소득 국가에서는 인구 100명당 104회분의 백신이 접종됐다고 해요. 반면 29개 저소

대륙별 코로나19 백신 접종 완료율(2021년 11월 기준)

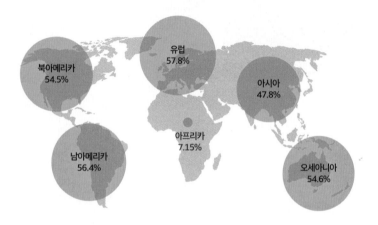

북아메리카
54.5%

유럽
57.8%

아시아
47.8%

남아메리카
56.4%

아프리카
7.15%

오세아니아
54.6%

◉ 출처: 아워월드인데이터

득 국가에서는 인구 100명당 고작 2회분의 백신만이 접종됐지요. 이런 상황에 대해 국제 인권 기구인 앰네스티는 전 세계 인구의 62퍼센트인 주요 20개국(G20)이 코로나19 백신의 82퍼센트를 차지하고 있다면서 G20 국가들이 백신 공급량을 늘리기 위한 조치를 취해야 한다고 목소리를 높였어요. 코로나19 백신을 개발한 제약 회사들이 막대한 수익을 얻었음에도 공정한 백신 분배를 위해 노력하고 있지 않다는 비판도 덧붙였지요.

앞서 제약사들과 일부 국가들은 코로나19 백신에 대한 지적재산권을 일시 해제하자는 제안에 반대했습니다. 백신 개발을 위해 엄청난 돈과 노력을 쏟았던 제약사 입장에서는 지적재산권을 포기하기 쉽지 않았을 거예요. 또 자국민들을 위해 쓰기에도 부족한 세금을 가난한 국가를 위해 선뜻 내놓기가 어려운 정부의 입장도 이해할 수 있지요.

하지만 오미크론 변이에서 알 수 있듯이 백신 접종률이 낮은 국가에서 치명적인 또 다른 코로나19 변이가 발생했을 경우, 그 피해는 해당국과 인근 국가들은 물론 세계 각국에 미칠 수밖에 없습니다. 세계백신면역연합(GAVI)은 백신 미접종자가 많다면 그만큼 변이는 계속해서 나타나고 대유행은 장기화될

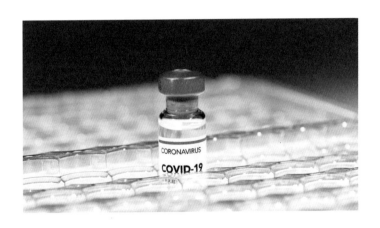

것이라며, 일부가 아닌 전 세계 인구를 모두 보호할 수 있을 때만 변이 출현을 막을 수 있다고 호소했습니다.

전염병의 빈부 격차를 보여 주는 예는 또 있습니다. 바로 말라리아입니다. 우리나라에서 '학질'이라고도 부르는 말라리아는 모기에 의해 전염되는 병입니다. 주로 열대 지방에서 많이 발생하는데 우리나라에서도 종종 환자가 보고되고 있습니다. WHO에 따르면, 해마다 40만 명이 말라리아로 사망합니다. 대부분은 아프리카의 가장 가난한 지역에서 갓 태어난 신생아들이라고 해요. 전 세계가 코로나19 대응에 집중하느라 말라리아에는 관심을 기울이지 못해 사망자 수가 예상보다

두 배 가까이 늘어나 80만 명에 이를 수 있다는 경고도 나왔지요. 말라리아는 치료제가 있지만 소화 불량, 구토, 어지럼증과 같은 부작용이 생길 수 있고 심각하게는 시력이 망가질 수도 있습니다.

말라리아를 예방할 수 있는 백신이 있기는 합니다. 2021년 10월 WHO는 세계 최초의 말라리아 백신을 공식 승인했어요. 말라리아에 대한 연구가 오래전부터 진행되어 왔는데 왜 이제서야 백신이 나오게 됐을까요? 우선은 말라리아를 일으키는 원충의 종류가 100가지도 넘어 일일이 퇴치하기가 어렵고, 면역 체계를 우회하는 능력도 뛰어나 백신을 만들기 쉽지 않았기 때문입니다. 경제적인 이유도 있습니다. 감염 사례 대부분이 가난한 나라에서 발생하다 보니 부자 나라들의 말라리아에 대한 관심과 연구가 적었고, 다국적 제약사들은 수익성이 낮아 투자 비용을 회수하기 어렵다고 판단해 백신 생산에 소극적인 자세를 보여 온 것이지요.

유엔이 말라리아 백신을 승인하면서 '역사적인 순간'이라며 감격스러운 심경을 나타낼 만도 합니다. 유엔은 '밀레니엄 개발 목표(MDG's)' 중 하나로 2030년까지 지구상에서 말라리아를 90퍼센트 이상 종식시키는 것을 목표로 세계 각국의 협

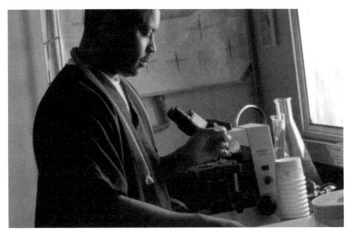

—o 위 NIAID 말라리아 연구소에서 관찰 중인 과학자.

　 아래 아프리카 말리의 에볼라 방역 안내 문구.

력을 독려했습니다.

에볼라도 비슷합니다. 에볼라 바이러스는 아프리카에서 주로 발생하는데, 1976년 콩고민주공화국(당시 자이르)에서 처음 발견된 이후 최근까지 수십 차례 유행했어요. 높게는 90퍼센트나 되는 치사율에도 불구하고, 에볼라바이러스가 발견된 지 40여 년이 지난 2015년이 되어서야 치료제와 백신이 개발된 데에는 제약사들이 상업성이 없다는 이유로 사실상 외면해 왔던 탓이 큽니다.

2014년 아프리카에서 에볼라가 확산되어 많은 사람이 숨졌을 당시, WHO는 의사들이 에볼라 환자 치료에 속수무책인 이유를 두고 에볼라가 가난한 아프리카 국가에서만 발생해 치료제와 백신의 연구·개발(R&D)을 위한 제약사들의 투자 동기가 되지 못했기 때문이라고 밝혔습니다. 또 의료 집단이 이익만 추구하며 비용을 지불하기 어려운 시장을 위해서는 투자하지 않는다고 강하게 비판했지요. 이후 제약사들이 치료제와 백신 개발에 속도를 내기는 했지만, 이마저 미국과 유럽에서 에볼라 감염자가 나와 큰 관심을 모았던 것이 직접적인 계기가 되었습니다.

코로나19 사태는 우리 일상에 많은 변화를 가져왔습니다.

전염병과 맞서 싸우기 위해선 힘을 합쳐야 한다는 가르침도 주었지요. 전염병을 막기 위해 우리 자신, 공동체 그리고 국가와 전 세계는 무엇을 해야 하는지 생각해 봅시다.

코로나팬데믹 핫&이슈 ▼

유엔 사무총장의 여행 제한 조치 비판

안토니오 구테흐스 유엔 사무총장은 오미크론 때문에 여행 제한 조치를 취하는 것은 불공정하다고 비판했다. 그는 바이러스에는 국경이 없다면서 한 나라나 지역을 고립시키는 여행 제한은 불공정할 뿐 아니라 효과도 없다고 말했다. 또 "아프리카인들이 매우 중요한 보건 과학 정보를 발견해 세계와 공유한 것 때문에 오히려 집단적 벌을 받아서는 안 된다."라고 강조했다. 실제로 남아프리카는 오미크론 변이를 처음으로 확인해 신속하게 정보를 공개함으로써 전 세계가 대응하도록 했지만, 각국이 여행을 금지하면서 오히려 차별과 경제적 피해를 입었다.

- -

기후 변화 못 막으면 더 많은 전염병 불가피해

건강과 기후 변화에 대한 보고서에 따르면, 기후 변화로 인해 더 많은 전염병이 발생할 것이라고 한다. 또 세계가 기후 변화에 무감각한 대응을 하는 동안 코로나19는 언제든 발생할 수 있었으며, 기후 변화가 뎅기열, 지카열, 말라리아, 콜레라 등의 전염을 통제하기 위한 인류의 수십 년의 진보를 이전으로 되돌릴 수 있다고 지적했다. 과학자들은 기온 상승으로 인해 북극과 남극의 빙하가 녹아 정체 모를 바이러스들이 세상에 노출될 경우, 대응조차 하지 못하는 최악의 상황이 올 수 있다고 경고하고 있다.

- -

아프리카, 올림픽 보이콧에 참여 안 한 이유는?

미국 등 일부 국가들이 '외교적 보이콧(정부 대표단을 파견하지 않는 것)'을 검토한 반면, 아프리카 국가들은 스포츠의 정치화에 반대하면서, 2022년 베이징 동계올림픽·패럴림픽의 개최를 지지한다는 공동 성명을 냈다. 이는 시진핑 중국 국가주석이 아프리카 국가들에 대해 코로나19 백신 10억 회분을 추가로 지급하겠다고 밝힌 이후에 나온 것이다.

백신 패스의 도입은
민주주의 국가에서 정당할까?

○ 찬성 ○

1. 다수의 안전이 우선이다

공동체 다수의 보건과 안전을 위해서는 공공장소 내 백신 패스 시행은
당연한 일이다.

2. 다른 나라도 하는 조치인데 우리만 안 할 수 없다

시행 초기에는 혼란스럽지만 이미 많은 다른 국가들이 시행하고 있으
며, 패스 도입은 전 세계의 일상을 회복하기 위해 모두에게 필요한 절
차다.

3. 백신의 효과는 분명하다

백신 접종자의 코로나19 바이러스 배출 정도는 미접종자에 비해 현저
하게 낮은 것으로 알려져 있다. 그리고 특정 질환으로 백신을 맞을 수
없는 사람은 소수에 불과하다.

**그래, 전염병 확산을 막으려면
개인주의를 버려야 해.**

190

아니야, 백신을 맞아도 코로나19에 걸릴 수 있는데 패스까지 도입하는 것은 부당해.

✖ 반대 ✖

1. 백신의 효과를 믿을 수 없다

백신 접종을 완료했는데도 코로나19에 돌파 감염된 사례가 적지 않다. 그런데도 패스를 도입하는 건 옳지 않다.

2. 미접종자에 대한 명백한 차별이다

건강상의 이유로 백신을 맞을 수 없는 사람들도 분명히 있다. 그런 사람들까지 생필품을 사러 대형 마트에 출입하지 못하게 막는 건 너무하지 않을까?

3. 자기결정권에 대한 침해로 볼 수 있다

헌법에서는 자기결정권을 보장하고 있다. 백신을 무조건적으로 강요하는 공동체의 입장은 학습권과 신체에 대한 개인의 자유를 침해하는 사례가 될 수 있다.

참고 자료

남북관계

「Midterm report of the Panel of Experts submitted pursuant to resolution」, 유엔안전
보장이사회, 2021.
「North Korea rejects offer of almost three million Covid-19 jabs」, BBC, 2021.
「통일의식조사」, 통일연구원, 2021.7.
「2021년 8월 이산가족신청자료 통계」, 이산가족정보통합시스템, 2021.9.
「German reunification: Angela Merkel urges country to overcome East-West
divide」, DW Akademie, 2021.

이주난민

『있지만 없는 아이들』, 은유 지음, 창비, 2021.
『우리는 난민입니다』, 말랄라 유사프자이·리즈 웰치 지음, 박찬원 옮김, 문학동네, 2020.
「이주민·난민 차별 증언과 차별금지법 제정을 위한 간담회 발언문 및 자료집」, 정의당 장
혜영 의원·차별금지법추진위 외, 2020.
「국내 난민 현황 통계」, 난민인권센터, 2020.12.31.
「2019 지방자치단체 외국인주민 현황」, 행정안전부, 2019.11.1.
「'여성인권 탄압' 시대로 역행하는 탈레반의 아프간」, <경향신문>, 2021.9.6.

종교분쟁

「Religious Conflicts Around the World-Conflicts around the world where religion
plays a role」, ArcGIS StoryMaps, 2020.

미중갈등

『미중전쟁, 앞으로의 세계』, 이지예 지음, 가나, 2021.
『예정된 전쟁: 미국과 중국의 패권 경쟁, 그리고 한반도의 운명』, 그레이엄 앨리슨 지음, 정혜윤 옮김, 세종서적, 2018.
『중미전쟁』, 랑셴핑 지음, 홍순도 옮김, 비아북, 2010.

통합과 분리

『분쟁의 세계지도』, 이정록·송예나 지음, 푸른길, 2019.
『유로피언 드림』, 제러미 러프킨 지음, 이원기 옮김, 민음사, 2005.

코로나팬데믹

『흑사병』, 필립 지글러 지음, 한은경 옮김, 한길사, 2003.
『총, 균, 쇠』, 제러드 다이아몬드 지음, 김진준 옮김, 문학사상사, 1998.

세계보건기구(WHO) https://www.who.int
질병관리청 https://www.kdca.go.kr
아워월드인데이터 https://ourworldindata.org

MEMO

MEMO

사회를 달리는 십대: 국제외교

초판 1쇄 펴낸날 2022년 3월 28일
초판 2쇄 펴낸날 2023년 6월 2일

지은이 오애리 이지선
일러스트 PINJO
펴낸이 홍지연

편집 홍소연 고영완 이태화 전희선 조어진 서경민
디자인 권수아 박태연 박해연
마케팅 강점원 최은 신종연 김신애
경영지원 정상희 곽해림

펴낸곳 ㈜우리학교
출판등록 제313-2009-26호(2009년 1월 5일)
주소 04029 서울시 마포구 동교로12안길 8
전화 02-6012-6094
팩스 02-6012-6092
홈페이지 www.woorischool.co.kr
이메일 woorischool@naver.com

만든 사람들
편집 김지현
표지 디자인 스튜디오 헤이, 덕
본문 디자인 박태연